浙电卓越班组建设

口袋书

国网浙江省电力有限公司　组编

中国电力出版社
CHINA ELECTRIC POWER PRESS

内容提要

本书主要内容包括卓越班组概述、卓越班组的创建方法、卓越班组的创建流程以及班组长说卓越班组创建四部分。前三部分围绕有关卓越班组的发展历程、重要意义、专业分类、基本特征、创建具体目标以及创建的方法和流程等理论展开论述；第四部分“班组长说卓越班组创建”则采用新进组员和班组长对话的形式，从班组概况、认识卓越班组、困难与措施、日常管理、四个关键、申报流程、专业特性这七个方面，介绍了六个不同类型的创建卓越班组的典型案例，将前面所学的理论知识与实践相结合，帮助读者更好地理解卓越班组的建设。

本书可供电网从事班组管理的各级管理人员及一线人员使用，也可供其他行业班组管理人员参考使用。

图书在版编目（CIP）数据

浙电卓越班组建设口袋书 / 国网浙江省电力有限公司组编 .— 北京：中国电力出版社，2023.5

ISBN 978-7-5198-7694-4

Ⅰ . ①浙…　Ⅱ . ①国…　Ⅲ . ①电力工业－工业企业管理－班组管理－浙江　Ⅳ . ① F426.61

中国国家版本馆 CIP 数据核字（2023）第 058479 号

出版发行：中国电力出版社
地　　址：北京市东城区北京站西街 19 号（邮政编码 100005）
网　　址：http：//www.cepp.sgcc.com.cn
责任编辑：穆智勇（010-63412336）
责任校对：黄　蓓　王小鹏
装帧设计：张俊霞
责任印制：石　雷

印　　刷：三河市万龙印装有限公司
版　　次：2023 年 5 月第一版
印　　次：2023 年 5 月北京第一次印刷
开　　本：787 毫米 ×1092 毫米　32 开本
印　　张：9
字　　数：132 千字
定　　价：48.00 元

本书编委会

本书编写组

目录

4 班组长说卓越班组创建

1　卓越班组概述

1 卓越班组概述

"班组"是指企业从事生产经营活动或管理工作最基层的组织单元。

——国务院国资委《关于加强中央企业班组建设的指导意见》（国资发群工〔2009〕52号）

"班组"是在单位职能部门或业务机构中设置的，负责特定工作任务的业务单元。

——《国家电网公司供电企业组织机构规范标准》（Q/GDW 11070—2013）

业务定员或实际配置人员不足7人，一般不设置班组。

——《国家电网公司供电企业机构编制管理办法》（国家电网企管〔2018〕192号）规定

班组建设就是运用科学的管理办法，持续改善和提升班组的作业效率，去达成安全、质量、成本、效率等各项生产、经营、服务指标。

1.1 浙电班组的发展历程

国网浙江省电力有限公司（简称国网浙江电力）班组建设覆盖11个地市公司以及省送变电公司、省信通公司、省超高压公司、紧水滩电厂和省管产业单位。国网浙江电力班组建设坚持“创新激励、思想引领”，将企业管理专业优势和基础管理深入融合，创新推动班组转型发展。累计荣获“国家电网先进班组”253个、“国家电网一流班组”42个，其中国网钱江供电所荣获“新中国成立70周年特色品牌班组”和“国家电网生命体班组示范点”等荣誉称号。

自2010年起，国网浙江电力先后实施“国网达标班组三年行动计划、专业化星级班组创建、精品典型班组选树、现代班组建设”四阶段12年的持续建设（见图1–1），通过系统提升，不断将企业管理先进理念方法落地到班组、输入到基层，大力发挥“企管+班组管理提升”作用。

1 卓越班组概述

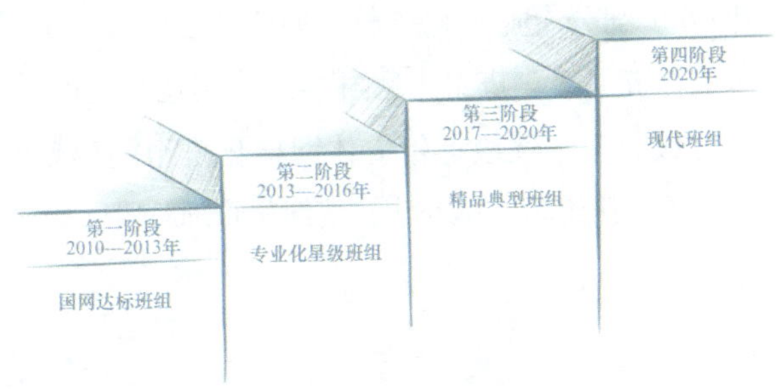

图 1-1　国网浙江电力班组的发展历程

1. 国网达标班组的发展历程

2010—2013 年，达标管理阶段。国网浙江电力贯彻落实国家电网公司总体部署，成立班组建设工作领导小组和常设办公室；根据国家电网公司达标创建五年工作计划，出台班组建设管理办法；实施“达标班组三年行动计划”，提前两年实现全部班组达标创建目标，夯实了班组管理基础。

2. 专业化星级班组的发展历程

2013—2016 年，精益发展阶段。国网浙江电力制定《国网浙江省电力公司班组建设管理办法》(浙电规〔2016〕6 号)，按照“专业化、精细化、标准化”要求，策划专业化星级班组建设，建立“通用 + 专业”模块化评价标准，形成运检、营销、基建、调控、物资、信通 6 大专业 36 个细分专业考评条款，创建“三星级、四星级、五星级”班组（见图 1–2），实现县、市、省分级管理、逐级评价立体网格化班组创建模式，推动班组迈入标准化、精细化管理阶段。

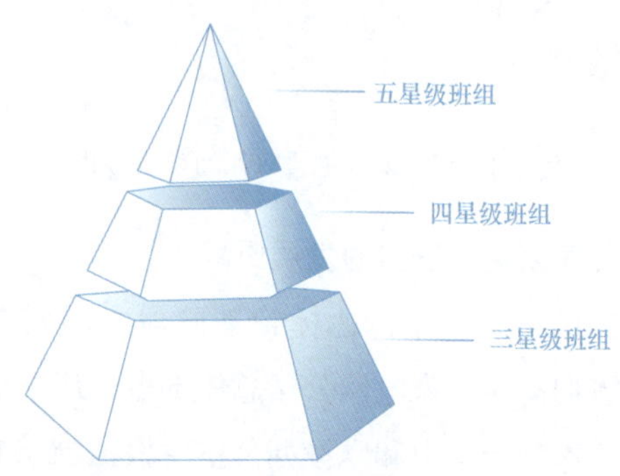

图 1–2　精品典型班组的发展历程

3. 精品典型班组的发展历程

2017—2020 年，标杆引领阶段。国网浙江电力创建精品典型班组机制，发挥“以点带面”作用。印发实施意见、“能上能下”“携手联建”等系列文件，选优打造具备“典型经验、班组长配强、人才孵化基地、内质外形优”的先进班组，发挥班组长“领头羊”作用，形成“精品典型班组培育库”，在 11 个市公司和直属单位树立一批班组标杆。2020 年电网建设加快转型发展，新技术新业态快速涌现，为保证班组持续向好发展，牵头研究形成《基于卓越引领的现代班组管理模式研究》前瞻性报告。

4. 卓越班组的发展历程

2020 年至今，卓越发展阶段。国网浙江电力根据《国家电网有限公司关于“十四五”全面加强班组建设实施班组建设新跨越的指导意见》（国家电网工会〔2021〕172 号），在卓越引领的现代班组建设研究基础上，进一步推动和提升班组建设的现代化水平，“解剖麻雀”形成《供电所减负赋能现场蹲点调研报告》，出台“全体系卓越班组三级联创”，省市县三级分级实施新时期班组卓越发展新模式。运用现代企业管理方法，重点促进班组核心业务能力建设及智慧作业、激励机制和队伍建设。

2021 年 3 月，党中央首次明确提出构建以新能源为主体的新型电力系统。国网浙江电力经过“解剖麻雀”式基层班组调研，在班组建设中融入卓越管理理念方法精髓，为班组转型注入创新元素。

1.2 卓越班组的概念

※1.2.1 卓越班组的重要意义

卓越班组紧紧围绕战略目标、针对部分班组粗放式、经验式管理造成人财物资源浪费、作业效率不高等问题，借鉴《清单革命》管理精髓，提炼形成“简明扼要、操作简单、要点清晰、流程顺畅”的班组核心业务共性场景清单和个性提升清单。创建卓越班组在夯实基层基础管理上具有重要的现实意义。

1. 契合企业转型升级的需要

以清洁低碳为方向的新一轮能源革命正在全球兴起，电能作为清洁、可再生能源转换的中间体，必将在新一轮能源革命中处于中心地位。电网企业作为能源转换利用和输送配置的枢纽平台，面临着全面改革升级的迫切需求，而班组作为企业最基层组织，是一切经营管理活动最直接的执行主体，自然成为企业管理变革与实践的前沿阵地。从消费迭代来看，预计到2050年，我国电能终端消费的比重将接近或超过50%。随着电动汽车、虚拟电厂、分布式能源等交互能源设施大量接入，配电网将从“无源网”变成“有源网”，电网负荷预测和潮流控制更为复杂，这对传统型电网班组提出了新的更高要求。从技术创新来看，随着信息化、数字化、智能化的新技术、新设备应用以及新能源、储能和新型用电技术的发展，对电网企业技术创新形成倒逼之势，多能互补、综合利用、电力电子、先进输电等技术在电力系统日益广泛应用，以大数据、云计算、物联网、区块链为代表的数字技术与电网技术加速融合，为电网技术跨越升级提供了强大动力，为班组向现代模式变革、实现提质增效提供了技术支撑。

从体制改革来看，随着电力改革深入推进，多买方、多卖方的竞争性电力市场格局逐步形成，市场在电力资源配置中的作用不断彰显，电网企业将进一步发挥市场功能，扩大市场开放，提高电力系统运行效率和透明度，加强电力生态圈建设，这对电网企业加快构建适应新体制新业态的班组管理模式提出迫切需求。

2. 承接企业战略落地的需要

战略是解决企业生存基础和发展方向的系统

谋划。国家电网有限公司（简称国家电网公司）明确了“国民经济保障者、能源革命践行者、美好生活服务者”的战略定位，将“建设具有中国特色国际领先的能源互联网企业”确立为引领国家电网公司长远发展的战略目标，国网浙江电力正全力打造国家电网公司战略目标落地的示范窗口。

班组是践行战略落地的“最前线”，企业各项任务最终都要落实和分解到班组。构建现代班组管理模式，可以使班组的管理机制、模式更好地承接企业战略落地和多元融合高弹性电网的建设和发展。

班组是推动战略实施的“桥头堡”。企业战略实施中的阶段性进展，凝聚着基层广大员工的劳动成果。构建现代班组管理模式，提升一线班组作业效率，对于加快推进企业战略高质量实施具有重要作用。

班组是实现战略目标的“压舱石”。构建现代班组管理模式，强化班组执行力，激发班组内生动力和创新活力，把班组建设成为守住安全、能打硬仗、创新力强、业绩突出的单元，可以有力保障公司全面实现战略目标。

3. 锻造企业人才队伍的需要

新时期产业工人队伍建设，是巩固党的执政基础、实施制造强国战略、全面建成社会主义现代化强国的有力保障。国网浙江电力约 70% 的员工在基层、在班组，班组是培养业务骨干的重要基地。可以说基层班组是公司加强队伍建设的主阵地，构建现代班组管理模式，是推动“十四五”队伍建设的现实需要。班组是培养业务骨干的重要基地。

班组作为生产性作业单元，是员工贡献价值、成长成才的重要场所。构建现代班组管理模式，引导班组员工在高效执行岗位任务的同时，自发开展质量管理（QC）、职工技术创新等活动，主动创新创效，自主提高技术水平。

班组是孕育劳模工匠的重要平台。劳模、工匠大多扎根一线班组，构建现代班组管理模式，组织劳模工匠开展“传帮带”活动，引导员工向劳模工匠学习，推动班组更好地营造“争当劳模工匠”氛围。

班组是培养优秀干部的重要基地。“猛将必发于卒伍”，班组长岗位是锻炼管理能力的实践基地。将技术水平高的班组骨干、有培养发展潜力的管理人员安排到班组长岗位锻炼，能全方位提升综合管理能力，成为干部队伍“后备军”。

※1.2.2 卓越班组的定义

形成“13434”（一个核心、三大特征、四个关键、三大途径、四个提效）卓越班组建设体系。即班组建设打造“高效坚强执行单元”这一核心，具备“自我驱动、精益管理、智慧作业”三大特征，围绕“核心业务、激励机制、数智应用、队伍建设”四个关键，运用“场景化分析、清单式管理、螺旋式提升”三个途径，实现“人力、管理、科技、减负”四个提效。

※1.2.3 卓越班组的基本特征

卓越班组具备三个基本特征，即自我驱动、精益管理和智慧作业。

1. 自我驱动

自我驱动是筑牢基层班组安全根基、实现提质增效的内生动力，是实现“准确执行、高效执行、创新创效”的基础；以自我学习、自我提升、自主安全、自主创新为目标，充分体现班员主动性、创造性。班员具有较强责任意识、安全意识，能实现快速响应、安全高效作业和优质服务。

2. 精益管理

以精益管理实现流程优化、执行准确，效率提升。紧扣“打造高效坚强执行单元”核心，将精益化管理延升到班组管理全过程。以多元赋能为基础，实现资源合理配置，能运用精益思维，自主挖潜增效；业务融合度高、资源流程优化、作业协同高效、管理科学可持续；班组作业精准，能减少人力和物资等不必要的浪费。

3. 智慧作业

强化创新驱动，以智慧作业助推精准执行、安全质效和精益管理。围绕“大云物移智链”技术，促进班员熟练运用新技术、新装备及信息平台。积极参与各类创新活动，紧扣实际开展应用型和实用性创新；实践班组数字化赋能，率先推广数字化运检班组和数智化供电所。

※1.2.4 卓越班组创建具体目标

国网浙江电力卓越班组创建数量：2021 年为 14 个，2022—2025 年拟培育省、市、县公司卓越班组数量如表 1-1 所示。

表 1-1　国网浙江电力“十四五”卓越班组创建具体目标

创建目标	推进时间				
	2021年	2022年	2023年	2024年	2025年
省公司卓越班组创建数量	14个/年	每年 10 ~ 20 个			
市公司卓越班组创建数量	—	总量不超过 60 个 / 年（地市公司不超过 5 个 / 年；直属单位参照地市公司执行，不超过 2 个 / 年）			
县公司卓越班组创建数量	—	总量不超过 120 个 / 年（县公司不超过 2 个 / 年）			

1.3 卓越班组的专业分类

班组按专业分类，基本涵盖运检、营销、基建、调控、物资、信通六大专业。

※1.3.1 运检班组

1. 主要职能

（1）根据电网输电、变电、配电设备的特点和运行规律，通过主动运维，保障设备运行风险可控、能控、在控。

（2）依据设备寿命周期和运行情况，针对性开展技改、大修，保障技术可靠，延长设备使用寿命。

（3）应对设备故障等突发事件开展应急处置，确保在最短时间范围内隔离设备故障点，保障电网稳定运行。

2. 核心特点

（1）设备导向型。运检班组的核心业务为电网设备运维检修维护，逐步提高设备智能化应用水平，相应提升设备运维工作效率。

（2）安全导向型。班组严格按安规规定和标准化运维检修流程开展作业。

（3）技术导向型。班组大力推广使用机器人、无人机等设备进行人机协同甚至机器代人操作，以实现精准快速抢修。

3. 面临形势

随着输配电价改革的深入推进，电网固定资产相关的折旧费用、运维检修费用等所占比重大幅提升，成为公司成本管理的重点。现有设备运检管理模式不能满足分电压等级核定输配电价的需要，必须加强设备精益化管理，实现降本增效。目前，运检班组面临几大难点：

（1）当前核心业务能力存在弱化趋势。急需通过全业务核心班组建设，全面推进主业人员主责履职能力，构建“作业自主、安全可控、技能过硬、创新高效”的设备运检队伍。

（2）当前运检工作仍面临较大的安全压力。输变配电设备的老旧、输电线路的外破压力、变电站周边隐患、新能源的大规模接入等因素，威胁着班组运维设备的安全可靠性。

（3）运检新技术的应用有待进一步深化。虽然机器人等各种智能运检技术不断涌现，但班组受制于各类技术，实用化水平还不够成熟，未能形成合力助推班组作业效率提升。

（4）运检班组队伍核心竞争力有待进一步提升。班组人才队伍结构性缺员情况仍然存在，班组人员中坚力量不足，高技能人才稀缺。

4. 远景建设目标

“十四五”期间，着眼于推进全球能源互联网和运检班组发展，主动适应“互联网 +”和智能电网发展，深化智能运检发展模式和核心业务能力建设，推动现代信息通信技术、新兴智能技术与设备运检的高度融合。

（1）队伍专业化。核心专业班组业务能力显著提升，设备主人制全面落实，建立健全绩效考核和奖惩机制，班组队伍保障作用显著增强，全业务核心班组建设经验得到有效应用。

（2）装备智能化。电网设备与先进传感、信息通信、自动控制等技术深度融合，设备广泛互联，状态深度感知，风险主动预警；班组各专业均应用智能装备，机器人、无人机等智能装备广泛应用；智慧变电站、智慧线路全面建设。

（3）业务数字化。数字化支撑平台高效运转，应用覆盖全业务、全流程、全场景，生产作业在线化、移动化、透明化，实现设备状态智能研判、现场作业精准管控、管理决策协同高效，数字化班组建设达到国家电网系统前列。

※1.3.2 营销班组

1. 主要职能

（1）按照国家法律法规和国家电网公司有关规定，向客户提供业扩报装、电费抄核收、综合能源等服务。

（2）做好与社会、政府、企事业等各类客户的沟通协调，依托现代营销服务体系提供可靠、高效、优质的电力保障。

（3）维护供用电秩序，落实客户侧电气设备统筹管理，改善客户供用电设施设备运行状况，保障客户安全用电。

2. 核心特点

（1）要求响应快速。紧贴客户需求，运用电力大数据应用等手段支撑政府决策、响应客户需求。

（2）要求执行有力。严格贯彻执行国家法律、法规，以标准化的办电和规范作业流程提供电力保障服务，不断优化电力营商环境。

（3）要求服务贴心。不断创新服务模式，通过“线上＋线下”“实体营业厅＋网上国网 App”的双维度新型营销服务模式，满足客户多样化用电服务需求，以此提高客户满意度。

3. 面临形势

（1）售电市场化改革迈入新阶段。2022 年起，浙江省中长期交易由年度单次交易，进入年度、月度、甚至月内多轮交易，现货市场也由单边进入双边，由短周期走向长周期及连续结算运行，对营销班组服务内容、队伍能力素质及工作效率提出新的要求。

（2）营销新业务发展亟需新技术。“十四五”期间，受国家政策驱动，电能替代、清洁能源、能效服务、储能等业务加速发展，当前基层适应新时代供电服务、能效服务的技术、设备储备不足，数字化水平有待进一步提升，需加强营销班组在精准营销、风险管控、标准体系方面的构建。

（3）专业基础性管理面临新挑战。营销班组作为对外服务窗口和基础管理的重要方面，在推动公司高质量发展中承担着重大责任。随着班组业务的发展变化，管理专业的不断深化细化，高质量发展目标对营销班组的基础管理提出了更高要求。

4. 远景建设目标

“十四五”期间，营销班组要坚持战略引领、市场导向、客户中心，以“夯基础、严管控、勇创新、寻突破、提效率”为工作主线，加快建设数智营销服务体系。

（1）管理协调化。供电所管理综合协调机制作用充分发挥，供电服务公司运作模式优化、管理职能增强，供电所员工队伍技能、技术和素质水平显著提升，推动供电所五大突出问题整改，深化供电所各项减负赋能增效举措，促使新时期供电所管理水平和服务能力不断提高。

（2）业务数值化。推进班组专业信息系统业务数据整合，突破系统数据壁垒，实现业务工单化、工单数字化、数字绩效化，建立健全工单效薪联动体系。推动营销班组全业务、全流程数字化管理，实现业务自动化、作业移动化、服务互动化、资产可视化、管理智能化和装备数字化，减轻班组负担，提升服务质效。

（3）服务精准化。业扩报装、电量电费、计量采集等业务流程全面优化。深化“供电 + 能效服务”，推动消费侧能效提升。深化电力大数据应用，推广“碳效码”“乡村振兴电力指数”等数字产品，精准服务电力客户，营销班组的精准化、个性化服务能力显著提升。

※1.3.3 基建班组

1. 主要职能

（1）围绕工程建设这一核心任务，提升标准化施工水平，创新应用机械化施工等创新手段，安全、优质、按期完成建设任务目标。

（2）严格落实工程建设相关要求，涵盖基建设计、施工、监理等细分领域，实施科学设计、优质施工和高效监理，确保工程设计和施工质量符合标准，努力创建精品工程。

（3）从勘察、设计、项目、安全、质量、技术、造价、协调等方面实现全过程全方位数智化管控。

2. 核心特点

（1）班组作业专业性强。高风险作业多，涉及基建“安全、质量、进度、技术、造价、队伍”六要素，知识储备范围广。

（2）工程建设周期长。项目的投资额度一般较大，建设周期较长，通常项目施工时间跨度1～3年不等，部分项目甚至更长，因而项目投资回收的周期相对较长。

（3）现场作业环境复杂。需准确识别现场安全风险，掌握安全强制措施，高标准按图按时高质量完成施工任务，积极应用机械化等创新手段提升施工效率，压降施工风险。

3. 面临形势

随着电网向能源互联网转型升级以及构建以新能源为主体的新型电力系统战略目标的深化落地，基建专业面临复杂多变的形势和前所未有的挑战。

（1）基建外部环境形势日趋复杂。面临电力供应持续紧张、亚运会等重大活动保电任务繁重、“能耗双控”导致物资供应偏紧等多重困难。

（2）基建安全管理形势依然严峻。“十四五”期间，白鹤滩特高压直流等重大工程集中开工建设，各类跨越铁路、高速及带电线路等高风险作业数量不断攀升，对安全管理带来更大的压力和挑战，需切实采取有效措施加强施工队伍的安全管理。

（3）基建人员队伍力量有待增强。持续增加的建设任务将进一步摊薄有限的建设资源，电网建设的高标准、严要求与班组队伍力量相对不足、人员日趋老龄化的矛盾需进一步缓解。

（4）基建发展亟需激发内生动力。要充分认识创新攻坚工作的紧迫性、绿色建造工作的重要性以及质量提升的必要性。

4. 远景建设目标

“十四五”是国网浙江电力向战略目标阔步迈进的关键五年，是基建班组建设与发展的关键五年。基建班组以安全稳定为前提，以高质量建设为基础，以完成年度任务为重点，以创新攻坚为动力。

（1）建设数字化。抓牢设计龙头，推动“数字化减人，机械化换人”。建设基建“天眼系统”，提升班组施工状态智能化水平，全面推广绿色建造模式。

（2）施工模块化。积极开展基建班组科技攻关和班组创新设备工法研究，推进模块化工程，推行工厂化加工、机械化施工、装配式建设，实现班组作业现场“零焊接、零叠装、零涂刷、少湿作业”。

（3）业务合规化。打造班组作业现场标准化临时党支部，深化“党建+”建设。提升事前、事中、事后基建风险管控力。

（4）队伍专业化。组建“施工骨干+新型装备”机械化施工班组，提升基建核心业务管控水平。实施作业层骨干队伍“三年专项培训计划”，做强一线施工力量。施工队伍能力建设和安全管理达到精益水平。

※1.3.4 调控班组

1. 主要职能

（1）保障电网连续稳定、安全运行，保证供电可靠性，实施“公开、公平、公正”调度。

（2）按最大范围优化配置资源的原则，实现优化调度，充分发挥电力系统的发、输、变、配电设备能力，最大限度地满足用户用电需求及新能源消纳。

（3）按照电力系统运行的客观规律和有关规定，组织、指挥、指导、协调所辖电网的运行、操作和故障处置及监视监控范围内的相关设备和信息处置。

2. 核心特点

调控班组直面电网运行可靠性，日常需管控多生产业务系统，要求成员具有非常高的技能水平和心理素质，需熟悉掌握各生产类专业的基础业务知识，熟悉设备特点，在应对各类情况时具有“严、准、谨、稳”的特点：

（1）执行严。规章制度、调控纪律、操作指令执行的“严”。

（2）调度准。电网风险分析及预控、反应判断、电力精益化调度的“准”。

（3）操作谨。调控方式调整及倒闸操作的“谨”。

（4）技能稳。技能水平、心理素质的“稳”。

3. 面临形势

（1）调度对象急剧增加、调控决策日益复杂。“3060 目标”的大背景下，新型电力系统的构建推动新能源、微电网、互动式设备大量接入，电力系统“双高”“双峰”特征进一步凸显，电网功能结构、运行特性发生深刻变化，电力平衡和运行控制的难度逐年增加。

（2）电力改革对优化调度组织模式提出更高

要求。随着电力体制改革深入推进，增量配电市场扩大、多元化主体进入、现货市场加快推进，对班组管理和调控运行组织方式、管理模式、机制流程都提出了新的要求。

（3）公司战略目标落地需要先进信息技术与调控技术融合发展。近年来，互联网技术进入工业领域发展迅速，先进信息技术与调控班组技术融合充分发展，推动调控班组向数字化、自动化、智能化转变，成为时代赋予电网调度的重大任务。

4. 远景建设目标

“十四五”期间，调控班组将坚守电网运行安全底线，支撑传统电力系统向新型电力系统转变，不断提升电力系统运行效率，对标国际领先，努力做到：

（1）高度适应电网发展新形态。适应源荷互动交直流柔性互联的电网新形态，由大电网一体化集中控制模式为主逐步向大规模分散式控制转变，构建新能源发电及柔性负荷预测、秒级调控等各类各级班组生产管理模型，切实提高电力平衡、新能源消纳、故障处理和应急处置水平，为电网安全低碳发展奠定坚实基础。

（2）生产组织体系高效协同。实现电力生产组织由计划模式向市场模式的深刻转变。完善电力市场机制下电网运行组织方式，全方位建立主配网协同调度机制，全面实现“电网一张图、调度一张网”的班组间高效协同生产组织体系，推动电力市场建设。以清单式管理理念助力“大数据运用、人工智能技术”落地，加强协同互动，全面提升整体调控业务水平。

（3）数智化应用水平全面提升。依托数字技术革命与能源技术革命相结合，推进市场化的高效精益管理与技术创新，以电网运行实际需求为导向，积极探索“大云物移智链”等新技术在调度领域落地应用方式，以“调度云”等平台建设为契机，不断推动先进信息通信、控制技术与调度深度融合，打造生产班组级态势感知、主动防御技术体系，提升电力系统可观、可测和可控能力。

※1.3.5 物资班组

1. 主要职能

（1）为电网建设及运行提供平稳的物资供应

保障，通过现代信息技术在业务场景中应用，实现业务精益化管控。

（2）提供高质量物资保证，在物资采购前、制造中、到货后开展全景质量管理。

（3）实现公司提质增效，通过打造现代智慧供应链体系，持续提升物资工作质效。

2. 核心特点

（1）多元主体。物资班组成员各有特长，计划采购、供应质量、仓储配送等不同人员均在各自专业领域上有所侧重，以多元化知识和技能解决复杂供应链问题。

（2）多头管理。物资班组需要根据电网建设、运维、抢修等不同场景，统筹利用各类资源满足生产部门的物资需求。

（3）多目标值。物资班组根据公司提质增效、优化社会营商环境、能耗双控等目标，物资班组面对多维度的指标评价，通过采取具体、可实行的多种举措，以此达到预期结果。

（4）多环节交织。物资班组将商流、物流、资金流、信息流高效融合，通过解决多环节交织的难题，实现平稳、高质量采购供应。

3. 面临形势

在国家以供应链创新应用推动供给侧结构性改革的背景下，在推动公司战略落地、能耗双控、电力保供、新型电力系统省级示范区建设中，物资班组面临着复杂多变的内外部发展形势。

（1）亟需融入地区发展战略。随着地区发展对电能需求的逐步增加，对区域电网建设和电网平稳运行提出更高要求。物资班组应提高应急物资管理效率，实现市县一体应急物资快速保障，形成基于智慧供应链体系的应急物资保障机制。

（2）亟需融入公司“新型电力系统省级示范区”“多元高弹性电网”建设。以公司战略目标为引领，积极争取各方支撑，从体制、机制、管理上发力突破班组管理，探索研究班组在“加快构建支撑新型电力系统省级示范区、多元融合高弹性电网快速建设的物资管理新模式”情况下的转型升级，全方位提升物资班组工作质量、效率和规范化水平。

（3）亟需融入数字化改革。公司供应链数字化建设起步早，以物流汇聚的供应链涉及专业多、单位多、系统多、数据多，但供应链智慧运营从点线突破到全面整体推进上，还需要优化完善物资班组机构、打破专业系统壁垒，全面发挥班组“智慧中枢”作用。

4. 远景建设目标

“十四五”期间，物资专业以提供“好设备、好服务、好环境”为目标，以打造行业引领的现代智慧供应链为抓手，推进物资班组在供应质效、仓储能力、运营水平等方面取得进步。

（1）物资供应更智能。以现代智慧供应链为载体，打造智能化物资供应保障体系，构建实物资源协同管理机制，建成履约全业务全过程可视可控，加强“平战结合”应急供应体系建设，统筹供应链资源配置和服务，提供更高水平物资服务保障。

（2）仓储服务更专业。强化仓储专业化服务核心能力，加速推进从传统日常仓库保管向提供优质、高效的柔性综合物流服务转型。通过强化建设标准化、运营规范化、评价制度化、服务品牌化四大能力建设，夯实公司物资基石，促进提质增效。

（3）供应链运营中心实用化。有效推动供应链数据与各专业的数据协同、共享共用，充分利用现代智慧供应链建设成果，实现“用数据说话、用数据管理、用数据决策、用数据创新”。

※1.3.6 信通班组

1. 主要职能

（1）做好电力信息通信系统运行、检修、客户服务和数据服务，以调运检体系规范信息通信运行。

（2）承担重大信息通信系统保障、应急处置，保障信息通信系统安全稳定运行。

（3）承担网络安全在线监测，保障网络安全“四个不发生”。

2. 核心特点

（1）技术型班组。信通班组的业务多为技术密集型，通过借助先进设备、前沿技术持续强化信通专业基础工作，依靠数字化平台、自动化巡检、系统云化等技术实现班组提质增效。

（2）学习型班组。班组日常工作要紧跟互联网技术迅速的发展趋势，信通专业人员需要不断适应信息通信技术的更新迭代。

（3）创新型班组。班组需持续保持技术创

新，推进先进技术实用化，以满足新业务、新业态需求和数字化改革进程。

3. 面临形势

在多元融合高弹性电网和新型电力系统建设的背景下，国有企业数字化转型持续推进，传统信息系统全面云化和移动化，内外网业务交互日趋频繁，智能化应用驱动公司高质量发展成为主流，由此对信通班组的建设及发展提出了更高要求。

（1）信通业务保障面临空前压力。在多元融合高弹性电网建设背景下，“海量资源被唤醒、源网荷储实现全交互”等创新运用均需坚强的信通网作为有力支撑，信通班组的运维压力大幅度提高。

（2）信通业务数智水平亟待强化。企业数字化转型不断推进，以电力数据为代表的数字赋能、高效协同持续发展，信通班组现有的业务管理模式难以适应新形势的工作需求。

（3）业务平台自主性有待提升。信通班组协同性管理重视程度还有待进一步加强，班组存在大量数据孤岛和数据浪费，自主化、专业化的信通技术研发与业务部门脱钩，限制了班组工作支撑水平的提高。

（4）信通新技术专业人才储备有待加强。面向新业务新业态的技术没有足够储备，能驾驭大型信通系统合复杂网络的人才欠缺，部分班组队伍结构不合理，班组队伍建设工作迫在眉睫。

4. 远景建设目标

“十四五”期间，信通班组应在健全信通关键支撑服务、推动管理流程数智引领、提高业务发展协同水平、优化信通技术班组队伍等方面取得突破。

（1）核心业务精益化。深化数据班组建设，结合“大云物移智链”技术，构建能源流通信、信息骨干支撑网络，优化数据资源的获取和流动，为浙江多元融合高弹性电网建设夯实信息通信与网络基础。

（2）管理流程数字化。以信通服务管理体系建设为指导，重点厘清信通班组业务流程，探索信通班组新业务新业态，通过数字化平台实现管理流程线上化、透明化、标准化。

（3）业务支撑自主化。融合先进数字技术提高对整体业务流的全景化感知和协同能力，推动班组业务的拓展和数字化发展，打造信息技术研发班组，建立以业务价值为导向的班组队伍评价标准。

（4）人才队伍专业化。坚持“核心技术掌握于我”的原则，建立复杂网络、数据运营等专业的柔性团队，结合公司特色、积极参与创新，着力培养既懂业务又懂技术的复合型班组队伍。

2 卓越班组的创建方法

本章主讲如何创建卓越班组，将从基本思路、实施路径和关键任务三个方面进行阐述。

2.1 创建卓越班组的基本思路

1. 指导思想

贯彻国家电网公司班组建设实现新跨越的工作要求，构建新时期班组建设体系化工作新格局，运用卓越班组理念方法，梳理强化“抓、创、评”三级体系，培育与构建新型电力系统相适应的班组建设模式和员工队伍，进一步“减负提效增活力”“提质赋能强动力”，加快将国网浙江电力班组打造成高效坚强的执行单元，持续保持班组建设工作走在国家电网公司前列，努力建成具有浙电特色的“班组建设示范窗口”。

国网浙江电力坚持省市县“三级抓、三级创、三级评”（PDCA）循环发展，“自上而下抓与管，自下而上创与评”，构建“全体系推进、阶梯式递进、穿透力管理”的班组建设新格局。

如图 2–1 所示，国网浙江电力班组建设“抓、创、评”三级管理体系包括“三级抓”“三级创”和“三级评”。省市县“三级抓”是指省市县“三级联动”抓班组建设，省公司总抓顶层设计、市公司主抓督导提升、县公司实抓高效执行。省市县“三级创”是指省市县“三级联动”创卓越班组，分层分级创建“省、市、县公司卓越班组”。省市县“三级评”是指省市县“三级联动”评工作成效，分层分级做好自评、互评与总评（见图 2–2）。

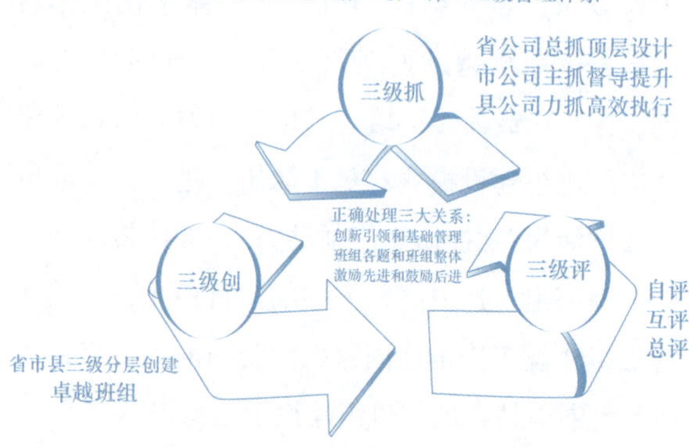

图 2–1 “抓、创、评”三级管理体系

创建班组建设“抓、创、评”三级管理体系

还需正确处理“三大关系”，即创新引领和基础管理的关系、班组个体和班组整体的关系、激励先进和鼓励后进的关系，以实现科学布局、总体推动，共抓卓越促提升。

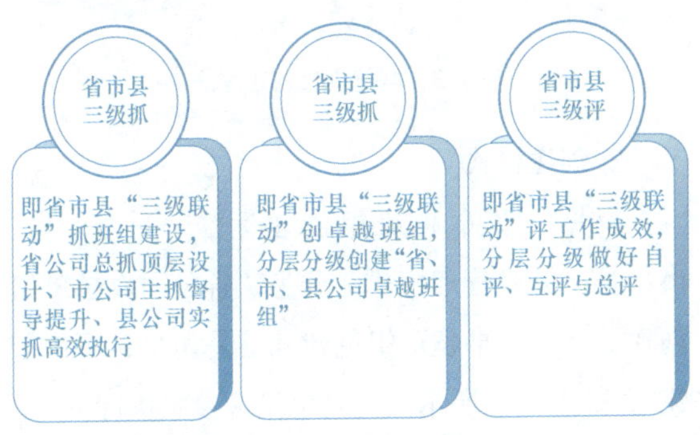

图 2–2　卓越班组创建标准

2. 创建方法

创建卓越班组的方法如图 2–3 所示，就是要把握“一个核心”（打造高效坚强的执行单元）、“三大特征”（自我驱动、精益管理、智慧作业），重点围绕“核心业务、激励机制、数智运用、队伍建设”四个关键，运用“场景化分析、清单式管理、螺旋式提升”三个途径，着力牵引广大班组向卓越管理推进提升。

四个关键
核心业务
数智运用
激励机制
队伍建设

三大途径
场景化分析
清单式管理
螺旋式提升

四个提效
人力提效
管理提效
科技提效
减负提效

卓越班组
一个核心
高效坚强的执行单元
三大特征
自我驱动
精益管理
智慧作业

图 2-3　卓越班组创建方法

3. 创建模式

应用一套卓越班组创建标准，采取“省、市、县”分级管理模式，分为“省公司卓越班组创建、市公司卓越班组创建和县公司卓越班组创建”，如图 2-4 所示。直属单位可参照执行。

县公司班组培育成熟后
按照卓越班组创建工作流程及考评标准
创建“县公司卓越班组”
所属星级班组可优先创建“县公司卓越班组”。建设成效突出的“县公司卓越班组”可择优向上推进为“市公司卓越班组”

市公司班组培育成熟后
按照卓越班组创建工作流程及考评标准
创建“市公司卓越班组”
所属星级班组可优先创建“市公司卓越班组”。其中“市公司卓越班组”按照卓越班组创建工作流程及考评标准，可培育创建为“省公司卓越班组”。“公司精品典型班组”可优先培育创建为“省公司卓越班组”

图 2-4　卓越班组创建标准

4. 创建职责分工

卓越班组创建职责分工如图2–5所示，其中：

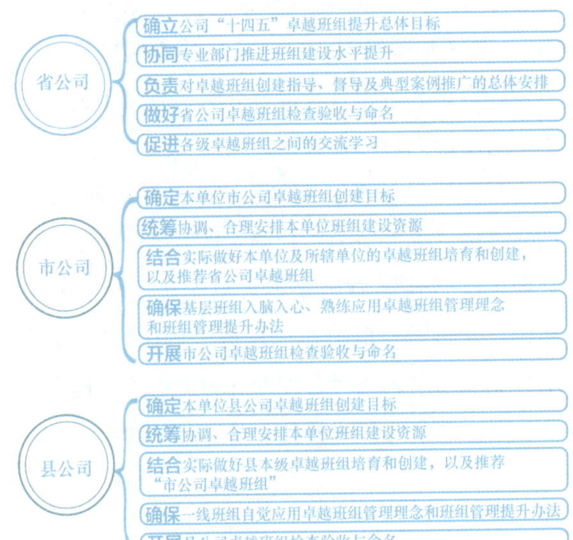

图2–5　卓越班组创建职责分工

省公司负责确立公司“十四五”卓越班组建设总体目标，协同专业部门推进班组建设水平提升，负责对卓越班组创建指导、督导及典型案例推广的总体安排，做好“省公司卓越班组”检查验收与命名，促进各级卓越班组之间的交流互学。

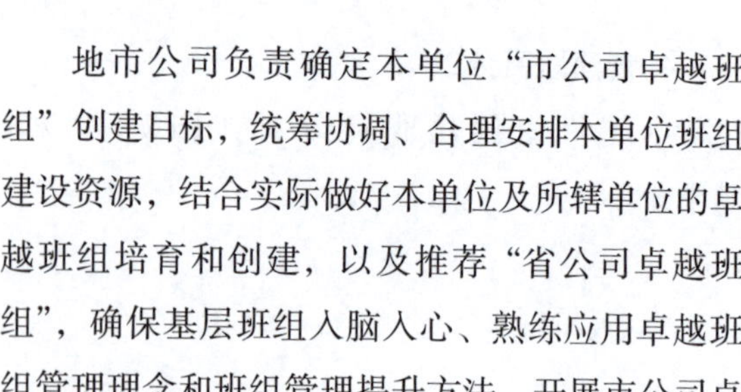

地市公司负责确定本单位“市公司卓越班组”创建目标，统筹协调、合理安排本单位班组建设资源，结合实际做好本单位及所辖单位的卓越班组培育和创建，以及推荐“省公司卓越班组”，确保基层班组入脑入心、熟练应用卓越班组管理理念和班组管理提升方法，开展市公司卓越班组检查验收与命名。

县公司负责确定本单位“县公司卓越班组”创建目标，统筹协调、合理安排本单位班组建设资源，结合实际做好县本级卓越班组培育和创建，以及推荐“市公司卓越班组”，确保基层班组自觉应用卓越班组管理理念和班组管理提升方法，开展县公司卓越班组检查验收与命名。

2.2 创建卓越班组的途径

※2.2.1 场景化分析

“场景”一词，最早出现在戏剧或影视剧中，是指戏剧或影视剧中的场面和情景，它是由人物、时间、地点、事件、环境等要素组成的具体画面。把“场景”引入到我们现实的工作和生活中来理解，就是描述一个情景的时候，会使用“什么人、什么时间、什么地点、什么背景或条件、做了什么事”等要素来表达，便于理解人们的真实诉求。随着互联网的普及，场景化服务成为了互联网营销的一种思维工具，通过分析用户场景数据，挖掘用户真实的需求，进而提供基于场景的精准化的产品和服务。从这个意义来说，互联网时代下场景化思维的本质就是一套数据驱动的精准化服务的分析工具。

场景化分析工具在卓越班组建设中，同样也发挥着重要作用。使用场景化分析工具的目的就是要准确找到并描述出日常关键工作业务、技术、管理、现场作业中存在的问题点和风险点，基于这些问题点和风险点的分析，找出有效的解决措施，并对举措的成效进行监督与评估。

国网浙江电力围绕着“四个关键”的定义，把卓越班组创建的场景分为通用场景和个性场景两类。通过细分业务模块，形成具体场景，针对具体事项，体现班组日常工作中的痛点、堵点、难点和风险点。场景分析应重点关注可提升空间大小、人力资源支撑情况和技术支持情况。

1. 主要做法

（1）立足业务需要，围绕“四个关键”，识别业务、梳理流程，挖掘班组日常痛点、堵点、难点和风险点等场景。

（2）通过专题研究、班组例会、员工访谈提出需求，对比分析，构建逻辑紧密、清晰可视的通用场景和个性场景。

2. 案例展示

以国网浙江电力渡东集控站的核心业务为例，来展示场景化分析工具的应用。

1. 通用场景 1（运检监一体化标准体系建设）

通过制定运检监一体化的业务流程、管理要求及班组组建等相关规章制度，确保运检监一体各项工作均规范执行、有据可循。

2. 通用场景 2（运检监一体化计划编制执行）

统筹编制运维、检修、监控生产计划，发挥运检监一体优势，形成纵向覆盖年、月、日，横向覆盖运检监各专业的综合生产计划，通过过程管控实现闭环管理。开展基于“五纵五横”体系的综合检修项目化管理与实践。

3. 通用场景 3（运检监一体化能力建设）

在运检监一体的基础上，夯实监控业务，提高设备监控强度、运检管理细度，提升变电运检人员的状态感知、缺陷发现、主动预警、风险管控和应急处置能力。

4. 通用场景 4（运检监一体化业务流程构建）

形成现代运检班组运检作业清单，运检监一体化单间隔消缺（检修试验）、运检监一体化综合检修（互为服务，工序有序衔接）等典型业务形成作业流程。

※2.2.2 清单式管理

清单式管理，顾名思义就是要将工作任务中的关键点进行分析、归纳和量化，并形成可以执行、监督和检查的任务清单，例如目标清单、专题清单、执行清单、责任清单、底线清单、日志清单等，目的在于提升企业管理的效率、效果和效能。

卓越班组运用清单式管理主要遵循“关键少数”原则，用务实简明的清单工具，基于具体场景原有的管理制度、标准、流程等规范文件，结合班组当前实际做法，用非常简练的文字提炼几条（3 ~ 8 条为宜）关键步骤，并加以适当的解释说明。这样做一方面有利于在班组内部固化成果，另一方面有利于在同类班组中推广应用。

1. 主要做法

卓越班组清单式管理利用抓关键、抓本质思维方式，基于场景化分析，运用务实简明的清单工具，将做法措施提炼成特点要点条目，将步骤操作固化成简单易懂的条款内容，将危险风险标明为入脑入心的提醒条目，推动过程执行清晰简明，成果应用清单可量化、可优化、可视化。

2. 案例展示

以国网浙江电力渡东集控站的核心业务通用场景 2 为例，运检监一体化计划编制执行的固化清单包括一图三表，具体如下。

（1）绘制阶段工作甘特图（明确工作时间节点、内容、要求）。

渡东集控站生产计划甘特图（青藤变 220kV 部分综合检修）

日历	10月15日	10月16日	10月17日	10月18日	10月19日	10月20日	10月21日	10月22日	10月23日	10月24日	10月25日	10月26日	10月27日	10月28日	10月29日	10月30日	10月31日	11月1日	11月2日	11月3日
周历	星期二	星期三	星期四	星期五	星期六	星期日	星期一	星期二	星期三	星期四	星期五	星期六	星期日	星期一	星期二	星期三	星期四	星期五	星期六	星期日
220kV 母线停役计划	220kV 正母线	220kV 副母线											220kV 正母线							
220kV 线路停役计划	青九 2453 线	青里 2454 线				青九 2453 线			兰青 2451、兰藤 2452 线											
主变部分停役计划		1 号主变及三侧							2 号主变及三侧											
综合检的工作项目	1. 青九 2453 正母闸刀 C 级检修、例行试验。 2. 220kV 正母电压互感器、电压互感器闸刀及避雷器 C 级检修，例行试验。 3. 220kV 正母 2 号接地闸刀 C 级检修，例行试验	1. 青里 2454 正母闸刀、220kV 母联开关正母闸刀、1 号主变 220kV 正母闸刀 C 级检修、例行试验。 2. 220kV 正母 1 号接地闸刀 C 级检修，例行试验	1. 青里 2454、1 号主变 220kV 副母闸刀 A 级检修。 2. 220kV 副母 1 号接地闸刀 C 级检修，例行试验。 3. 220kV 副母电压互感器，电压互感器闸刀及避雷器 C 级检修，例行试验			1. 青九 2453、220kV 母联开关副母闸刀 A 级检修。 2. 青九 2453 开关、电流互感器、线路闸刀、线路电压互感器和避雷器 C 级检修、例行试验。 3. 220kV 副母 2 号接地闸刀 C 级检修，例行试验。 4. 青九 2453 线第二套保护程序升级			1. 兰青 2451、兰藤 2452 副母闸刀 A 级检修。 2. 2 号主变 220kV 副母闸刀 C 级检修。 3. 220kV 母联开关、电流互感器 C 级检修，例行试验。 4. 220kV 副母 3 号和 4 号接地闸刀 C 级检修，例行试验				1. 兰青 2451、兰藤 2452、2 号主变 220kV 正母闸刀 C 级检修、例行试验。 2. 220kV 正母 3、4 号接地闸刀 C 级检修，例行试验							

续表

日历	10月15日	10月16日	10月17日	10月18日	10月19日	10月20日	10月21日	10月22日	10月23日	10月24日	10月25日	10月26日	10月27日	10月28日	10月29日	10月30日	10月31日	11月1日	11月2日	11月3日
周历	星期二	星期三	星期四	星期五	星期六	星期日	星期一	星期二	星期三	星期四	星期五	星期六	星期日	星期一	星期二	星期三	星期四	星期五	星期六	星期日
综合检的工作项目		1. 青里 2454 开关、电流互感器、线路闸刀、线路电压互感器和避雷器 C 级检修、例行试验。 2. 青里 2454 线第二套保护程序升级							1. 兰青 2451 开关、电流互感器、线路闸刀、线路电压互感器和避雷器 C 级检修、例行试验。 2. 兰藤 2452 开关、电流互感器、线路闸刀、线路电压互感器和避雷器 C 级检修、例行试验											
		1. 1 号主变 C 级检修、例行试验。 2. 1 号主变 220kV 开关、电流互感器、避雷器、主变闸刀 C 级检修、例行试验。 3. 1 号主变 110kV 开关、电流互感器、避雷器 C 级检修、例行试验。 4. 1 号主变 220kV 中性点电流互感器、接地闸刀及避雷器，1 号主变 110kV 中性点电流互感器、接地闸刀 C 级检修，例行试验。 5. 1 号主变 110kV 中性点避雷器、1 号主变 35kV 避雷器 A 级检修。 6. 1 号主变 110kV 主变闸刀、1 号主变 35kV 主变闸刀 A 级检修							1. 2 号主变级检修、例行试验。 2. 2 号主变 220kV 开关、电流互感器、避雷器、主变闸刀 C 级检修、例行试验。 3. 2 号主变 110kV 开关、电流互感器、避雷器 C 级检修、例行试验。 4. 2 号主变 220kV 中性点电流互感器、避雷器，2 号主变 110kV 中性点电流互感器及避雷器 C 级检修，例行试验。 5. 2 号主变 35kV 避雷器 C 级检修、例行试验。 6. 2 号主变 220kV 中性点接地闸刀、2 号主变 110kV 中性点接地闸刀、2 号主变 35kV 主变闸刀 A 级检修											
						220kV 第一套母差保护定校								220kV 第二套母差保护定校						

（2）制定次月工作计划表（班组上交，工区汇总出口）。

渡东集控站 2022 年 5 月份变电生产安排计划														
序号	申请单位	厂站	停役设备	工作内容	停役时间（工作时间）	复役时间（工作时间）	停役天数（作业天数）	人员需求	电压等级	性质	联系人	班组	承载力分析	备注
1	渡东集控站	110kV 璜山变	1 号主变有载重瓦斯保护	110kV 璜山变：1 号主变有载分接开关呼吸器硅胶变色（特 QX20220314002）	5 月 19 日	5 月 19 日	1	变 2	110	生产	王某	运检班	变 2	
2	渡东集控站	110kV 东罗变	广兴 3770	110kV 东罗变：广兴 3770 开关柜加热器传感器故障（特 QX20220105001）	5 月 19 日	5 月 19 日	1	检 1 继 1	35	生产	王某	运检班	检 1 继 1	
3	渡东集控站	110kV 东罗变	35kV 母分	110kV 东罗变：35kV 母分开关柜加热器传感器故障（特 QX20220105003）	5 月 20 日	5 月 20 日	1	检 1 继 1	35	生产	王某	运检班	检 1 继 1	
4	渡东集控站	110kV 东罗变	35kV Ⅱ段母线电压互感器	110kV 东罗变：35kV Ⅱ段母线电压互感器柜加热器传感器故障（特 QX20220105002）	5 月 20 日	5 月 20 日	1	检 1 继 1	35	生产	王某	运检班	检 1 继 1	
5	渡东集控站	110kV 东罗变	2 号主变 35kV	110V 东罗变：2 号主变 35kV 开关柜加热器传感器故障（特 QX20220105004）	5 月 21 日	5 月 21 日	1	检 1 继 1	35	生产	王某	运检班	检 1 继 1	

续表

序号	申请单位	厂站	停役设备	工作内容	停役时间（工作时间）	复役时间（工作时间）	停役天数（作业天数）	人员需求	电压等级	性质	联系人	班组	承载力分析	备注
6	渡东集控站	110kV东罗变	10kV母分	110kV 东罗变：10kV 母分开关柜凝露监控器故障：温度显示为 79.9℃，风扇长期投入（触头温度显示为 14℃）（特 QX20220401008）	5 月 21 日	5 月 21 日	1	检 1 继 1	10	生产	王某	运检班	检 1 继 1	
7	渡东集控站	110kV裕民变	裕科B158	110V 裕民裕科 B158 开关遥控操作时后台及保护装置显示合，然后又显示分。遥控合闸时，开关有合闸声音及储能声音，就地开关机械指示显示分闸。后通过就地操作将开关合闸，后台及状态指示仪显示正常（特 QX20220316009）	5 月 22 日	5 月 22 日	1	检 1 继 1	10	生产	王某	运检班	检 1 继 1	
8	渡东集控站	110kV风林变	纺风1101	110kV 风林变：纺网 1101 避雷器 A 相瓷套屏蔽环脱落	5 月 23 日	5 月 23 日	1	检 1 继 1	110	生产	王某	运检班	检 1 继 1	结合 5 月份线路停电申请
9	渡东集控站	110kV浣纱变	备用D258	110kV 浣纱变：备用 D258 线保护装置 CPU 坏（特 QX20151104001）	5 月 13 日	5 月 13 日	1	继 2	110	生产	王某	运检班	继 2	

续表

序号	申请单位	厂站	停役设备	工作内容	停役时间（工作时间）	复役时间（工作时间）	停役天数（作业天数）	人员需求	电压等级	性质	联系人	班组	承载力分析	备注
10	渡东集控站	110kV 路东变	备用 E056	110kV 路东变：备各用 E056 保护装置 CPU 板故障（特 QX20220402002）	5 月 12 日	5 月 12 日	1	继 2	110	生产	王某	运检班	继 2	
11	渡东集控站	110kV 店口变	并容 161	110kV 店口变：并容 161 测控装置遥控无法出口，后台机发并容 161 开关遥控闭锁动作信号（特 QX20220329001）	5 月 14 日	5 月 14 日	1	继 2	110	生产	王某	运检班	继 2	

（3）制定次周风险管控表（电网、操作、作业风险）。

渡东集控站 2022 年第 29 周（7 月 18 日 ~ 7 月 24 日）工作计划

二〇二二年		星期	生产指挥中心 7×24 小时电话：3965、3963 晚上用车：车队值班电话 2427	工作	现场	工作票	班组	渡东运检班						车辆安排	1		已完成	作业风险	
月	日		工作内容	联系人	负责人	负责人		检	变	继	试	远	运	车辆待排	车辆数	人数	拼车		
7	18	一	渡东运检班				渡东									0			人员安排
7	18	一	运检监值班（大夜＋日班）监控、接令、操作、许可，应急处理等	谢某		大夜班	渡东	0	0	0	0	0	0			0			大夜班＋日班：蒋某某、钱某某、马某某。大夜班：赵某某、黄某某。日班：张某某、王某某
7	18	一	轮休	谢某		蒋某某	渡东	0	0	0	0	0	0			0			蒋某某、周某某、罗某、杨某某、周某某
7	18	一	运检监值班（小夜）监控、接令、操作、许可、应急处理、熄灯巡视	谢某		茹某某	渡东	0	0	0	0	0	0			0			茹某某、王某、黄某某、郭某某、范某某

续表

二〇二二年		星期	生产指挥中心 7×24 小时电话：3965、3963 晚上用车：车队值班电话 2427	工作	现场	工作票	班组	渡东运检班						车辆安排	1		已完成	作业风险	
月	日		工作内容	联系人	负责人	负责人		检	变	继	试	远	运	车辆待排	车辆数	人数	拼车		
7	18	一	青藤变、松坞变、漓渚变正常巡视、安全用具送回／继保排查／松坞变、漓渚变全面巡视、月度维护、季度推护	谢某		龚某某	渡东	0	0	0	0	0	0			0			龚某某、陶某某
7	18	一	姜梁变/7.15–7.22：配合2号主变保护及测控、渡光1427测控、110kV Ⅱ段母设测控、110kV桥开关保护，110kV备自投、110RV电压并列，故障录波器、公用测控装置改造，后台机远动数据库修改及信号核对	谢某		戚某某	渡东	0	0	0	0	0	0	工程车	1	1		Ⅳ	戚某某

续表

二〇二二年		星期	生产指挥中心 7×24 小时电话：3965、3963 晚上用车：车队值班电话 2427	工作	现场	工作票	班组	渡东运检班						车辆安排	1		已完成	作业风险	
月	日		工作内容	联系人	负责人	负责人		检	变	继	试	远	运	车辆待排	车辆数	人数	拼车		
7	18	一	姜梁变：运维停役操作	谢某		莫某某	渡东	0	0	0	0	0	0						莫某某、范某某
7	18	一	姜梁变/7.18–7.21：配合电子 A392、龙科 A384、广电 A394、香山 A387 间隔保测装置改造，后台机运动数据库修改及信号核对	谢某		李某某	渡东	0	0	0	0	0	0	中型客车	1	0		V	李某某
7	18	一	姜梁变/15–22：10kV 开关室（2 号主变周边）外墙维修。	谢某		邴某某	渡东	0	0	0	0	0	0			0		Ⅳ	邴某某
7	18	一	青藤变：1、2 号主变油色谱装置故障现场检查处理。 牌头变：1 号主变油色谱装置故障现场检查处理（双桥出负责人）	谢某		许某某	渡东	0	0	0	0	0	0	工程车	1	0		V	许某某

续表

二〇二二年		星期	生产指挥中心 7×24 小时电话：3965、3963 晚上用车：车队值班电话 2427	工作	现场	工作票	班组	渡东运检班						车辆安排	1		已完成	作业风险	
月	日		工作内容	联系人	负责人	负责人		检	变	继	试	远	运	车辆待排	车辆数	人数	拼车		
7	18	一	大修报告整理	谢某		元某某	渡东	0	0	0	0	0	0			0			元某某、沈某
7	18	一	高压电工培训	谢某		王某某	渡东	0	0	0	0	0	0			0			王某、徐某
7	18	一	中心集中办公 / 继保培训	袁某		贾某	渡东	0	0	0	0	0	0			0			贾某 / 王某某、杨某某、袁某
7	18	一	运检工作	袁某		王某某	渡东	0	0	0	0	0	0			0			王某、陈某某、王某、陈某某、陈某、梁某、谢某
7	18	一	值班管理人员				渡东									0			陈某某
7	18	一	应急备班（晚上，在家）				渡东									0			周某某*、沈某

续表

二〇二二年		星期	生产指挥中心 7×24 小时电话：3965、3963 晚上用车：车队值班电话 2427	工作	现场	工作票	班组	渡东运检班						车辆安排	1		已完成	作业风险
月	日		工作内容	联系人	负责人	负责人		检	变	继	试	远	运	车辆待排	车辆数	人数	拼车	
7	18	一	产假护理假	* 产假，育儿假，护理假												0		
7	18	一	（注意：此行勿删！） 固定车辆：中心管理组车辆	#										小货车	7	0		
7	18	一	& 班组已安排人数	& 已派人数				0	0	0	0	0	0	周一车辆	11	0		
7	18	一	Σ班组各专业人数	Σ专业	Σ专业人数			4	1	6	1	2	27			41		
7	18	一	☆安全生产承载力分析：过载	×剩余	××剩余人数			4	1	6	1	2	27			41		

续表

二〇二二年		星期	生产指挥中心 7×24 小时电话：3965、3963 晚上用车：车队值班电话 2427	工作	现场	工作票	班组	渡东运检班						车辆安排	1		已完成	作业风险	
月	日		工作内容	联系人	负责人	负责人		检	变	继	试	远	运	车辆待排	车辆数	人数	拼车		
7	19	一	渡东运检班				渡东									0			
7	19	二	运检监值班（大夜＋日班）监控、接令、操作、许可、应急处理等	谢某		大夜班	渡东	0	0	0	0	0	0			0			大夜班＋日班：茹某某、王某、黄某某；大夜班：郭某某、范某某； 日班：杨某某、范某某
7	19	二	轮休	谢某		蒋某某	渡东	0	0	0	0	0	0			0			蒋某某、钱某某、赵某某、黄某某
7	19	二	运检监值班（小夜）监控、接令、操作、许可、应急处理、熄灯巡视	谢某		蒋某某	渡东	0	0	0	0	0	0			0			蒋某某、周某某、周某某、张某某、王某某

（4）制定次日安全交底表（工作计划表、安全交底表）。

<table>
<tr><th colspan="9">2022 年 08 月 29 日渡东集控站生产管控日报</th></tr>
<tr><td colspan="9">一、集控站所属站运行方式</td></tr>
<tr><td>220kV 站</td><td colspan="8"></td></tr>
<tr><td>渡东变</td><td colspan="8">并容 3354 线冷备用，并抗 3351 线、并抗 3360 线、并抗 3364 线运行，其余按正常运行方式运行</td></tr>
<tr><td>…</td><td colspan="8">…</td></tr>
<tr><td>110kV 站</td><td colspan="8"></td></tr>
<tr><td>迪荡变</td><td colspan="8">待用 9523 钱、待用 9539 线重合闸投跳闸，其余按正常运行方式运行。</td></tr>
<tr><td>东光变</td><td colspan="8">待用 Q012 线、待用 Q014 线、待用 Q026 线、待用 Q029 战重合闸报跳闸，并容 0Q006 线路检修，其余按正常运行方式运行</td></tr>
<tr><td>…</td><td colspan="8">…</td></tr>
<tr><td>35kV 站</td><td colspan="8"></td></tr>
<tr><td>车头变</td><td colspan="8">电网 AVC 开环运行，其余按正常运行方式运行</td></tr>
<tr><td>城关变</td><td colspan="8">特用 A732 线重合闸投跳闸，按正常达行方式进行</td></tr>
<tr><td>…</td><td colspan="8">…</td></tr>
<tr><td colspan="9">二、当日操作任务</td></tr>
<tr><td>序号</td><td>变电站</td><td>操作任务</td><td>操作星级</td><td>操作风险及管控措施★（重要）</td><td>违章行为警示★（填写可能的违章行为，重要）</td><td>操作人员</td><td>当值值长</td><td>到岗到位人员</td></tr>
<tr><td>1</td><td>解南变</td><td>繁荣 A076 线停复役</td><td>V</td><td>编制繁荣 A076 线停复役倒闸操作风险卡并执行</td><td>操作时走错间隔、倒闸操作没有按照顺序逐项操作，并进行“三核对”造成误操作</td><td>王某、范某某</td><td>莫某某</td><td>张某</td></tr>
<tr><td>…</td><td>…</td><td>…</td><td>…</td><td>…</td><td>…</td><td>…</td><td>…</td><td>…</td></tr>
</table>

续表

三、当日运检工作							
序号	变电站	工作内容	风险等级	作业风险及管控措施★（重要）	违章行为警示★（填写可能的违章行为，重要）	工作负责人	到岗到位人员
1	双桥变	变电站等保测评及加固	V	1. 做好安全监护严防工作人员走错间隔，误碰运行设备。 2. 作业中防止交直流短路及人身低压触电。 3. 工作前向省调申请网安挂牌，工作结束后及时撤销。 4、监控系统数据维护严格执行“（2017）002 号变电检修室电力监控系统调试专用笔记本及移动存储介质使用管理实施细则”要求，严防网络安全事故。全站的遥控功能退出（除电容器及主变分接头外）	1. 工作时做好个人劳动安全保护，戴安全帽。 2. 个人工器具合格标签是否在有效期内。 3. 违规外联设备造成信息告警	戚某某	余某某
2	暨阳变	暨锦 1010 线路保护装置过负荷出口回路拆除，执行新整定单	Ⅳ	1. 整定单执行后及时与调度核对，OMS 流程及时闭环。 2. 过负荷出口回路拆除后，注意检查回路接线的可靠性	1. 工作前取得调度许可。 2. 在互感器二次回路上工作，未采取防止电流互感器二次回路开路，电压互感器二次回路短路的措施。 3. 继电保护、直流控保、稳控装置等定值计算、调试错误，误动、误碰、误（漏）接线	章某	楼某某
…	…	…	…	…	…	… …	…

续表

四、昨日公司安全督查违章及问题	
一、反违章问题： 省公司： 1. 10kV 开关室未设置防火标识牌（一般违章）。 2. 现场风扇转动部分未装设防护罩（一般违章）。 3. 钢丝绳套的插接长度小于 300mm（一般违章）。 4. 电缆放线盘周围未设置安全围栏，未挂禁止类标识牌，无“在此工作”标识牌（一般违章）。 5. 工作票上工作班人数与实际签名人数不符（一般违章）。 市公司：信达银郡开关站运维管理检查情况 1. 电源箱检查记录、接线图缺失； 2. 站内无照明； 3. UPS 柜门未关闭点； 4. 站内无除湿装置	
交底人签名	参加人签名

※2.2.3 螺旋式提升

螺旋式提升是一种有效的管理方法，遵循PDCA循环法则，[P是计划（plan），D是实施（do），C是检查（check），A是处置（act）]，通过PDCA循环，让管理活动在效率和效果上不断提升。

卓越班组螺旋式提升工具运用主要基于当年场景化分析和清单式管理的相关工作成效，在下一年开始时开展新一轮“一审视三过滤”策划阶段相关工作，紧盯五项目标（坚持党建引领落实主体责任；培养一专多能实现人力提效；释放绩效活力实现管理提效；深化数智应用实现科技提效；主动服务基层实现减负提效），在自主管理、自我驱动中“一年一提升，每年上台阶”。

卓越班组建设基于场景化分析和清单式管理，设定薄弱环节，以五项目标“一个引领，四个提效”为导向，不断完善场景，优化清单，实现提质增效。

2.3 创建卓越班组的关键

※2.3.1 核心业务

1. 建设背景

目前，国网浙江电力核心业务的总体情况良好，设备运维责任和措施落实得到强化，特高压直流及跨区电网等主设备运行保持平稳态势，保障了电网安全运行和电力可靠供应。设备隐患治理扎实推进，事故隐患整改工作要求全面落实，隐患排查治理常态化开展。运检精益管理全面深化，输变电专业运维管理规范，配网供电服务优质可靠，智能运检建设成果丰硕，数字化班组建设实效显著。

2. 工作思路

从职责、流程、标准、制度、考核、风险等方面审视班组核心业务管理现状，做好业务梳理，挖掘提升空间。根据国家电网公司专业班组核心业务清单等要求，因地制宜确定核心业务类别和内容、范围，分专业编制好班组核心业务清单、能力要求清单、培训需求清单、装备配置清单。核心业务采用自主实施方式，综合设备规模、人员承载力等因素，合理配置班组人员，科学规划年度自主实施项目范围，积极稳妥、分级分类推进，逐步拓展自主实施业务类型。

围绕班组核心业务，完善供电所核心业务指标体系，结合班组建设通用标准，探索研究与业绩相匹配的班组转型“通用性评价+核心业务”指标体系，定期通报指标情况、评估卓越班组建设阶段性成效。将卓越绩效管理理念融入基层班组，按照“标杆引领+自我提升”的方式，引导广大基层班组明确人员安排、提升目标、时间节点等核心要素，运用“测量、分析、评价、改进”等质量管理方法，主动对标对表，促进班组规范执行制度标准，高效提升核心能力。

3. 案例展示

下面以国网绍兴供电公司渡东集控站为例，呈现其核心业务的创建过程。

1. 建设方向

运检监一体化能力建设。

2. 场景描述

在运检监一体的基础上，夯实监控业务，

提高设备监控强度、运检管理细度，提升变电运检人员的状态感知、缺陷发现、主动预警、风险管控和应急处置能力。

3. 做法措施

（1）运检监一体化运作，通过建立运检人员、监控人员3个月轮转模式，有序推进全员运检监业务技能提升；

（2）设备主人制深化执行，全面参与设备全寿命周期管理，实现班组对设备投运前、运行中、退役后全过程深度管控；

（3）专家联合诊断分析，通过班组多专业人员技能优势实现设备高效研判；

（4）站内应急指挥，由监控人员指挥协调运检各专业人员，实现站内设备异常事故的快速分析研判处置。

4. 取得成效

（1）贴近设备，实时掌握设备状况；

（2）设备故障智能研判；

（3）多专业协同作业，事故处理更高效。

5. 做法措施固化清单

监控汇报信号，运检判断处置，共同及时闭环。

具体包括：

（1）异常信号梳理分析；

（2）运检监一体综合判断；

（3）变电站现场有效处置；

（4）处置结束及时闭环。

※2.3.2 数智运用

1. 建设背景

2022 年，《政府工作报告》明确指出，要建设数字信息基础设施，推进 5G 规模化应用，促进产业数字化转型。近年来，互联网、大数据、云计算、人工智能、区块链等技术加速创新，日益融入经济社会发展各领域全过程，数字经济发展速度之快、辐射范围之广、影响程度之深前所未有，正在成为重组全球要素资源、重塑全球经济结构、改变全球竞争格局的关键力量。

在产业数字化的大背景下，国家电网公司提

出战略目标："2020 ~ 2025 年，基本建成具有中国特色国际领先的能源互联网企业。公司部分领域、关键环节和主要指标达到国际领先，中国特色优势鲜明，电网智能化数字化水平显著提升，能源互联网功能形态作用彰显。2026 ~ 2035 年，全面建成具有中国特色国际领先的能源互联网企业。"

2. 工作思路

（1）拓展智慧应用范围。聚焦缓解班组结构性缺员问题，持续拓展科技本地化应用场景，探索新时期机械化减人、人机协同、机器代人模式。深化智慧基建、智能运检、智慧调度建设，运用大云物移智链等新技术，提升班组安全管理水平和作业效能，赋能班组安全、业务、管理全面升级。深化智慧基建系统建设，全面应用"一平台、一中心、*N* 应用"全过程"智慧基建"系统建设成果，通过"一个现场一个 App 和一套视频监控"，管住基建现场作业计划、人员、风险。关注电网高新技术、前沿科技新进展，通过专家讲座、专题论坛等多种途径普及新技术在电力行业及能源互联网生态圈的应用场景，拓宽引入班组科技培训的渠道。指导新技术标准应用，开展技术标准实施评价，促进班组作业与技术标准准确对应。

（2）整合供电所信息系统功能。推进基层班组 15 套专业信息系统业务数据整合，建设统一的数智供电所管理平台，突破系统数据壁垒，实现数智供电所管理平台与各专业信息系统之间的数据同步实时共享，避免班组信息系统数据重复录入，将 3 类移动终端统一为 1 台营配融合型移动作业终端，丰富移动作业终端微应用，实现“一平台、一终端、多应用”。依托数智供电所管理平台，建立工单驱动业务管理模式，设置 78 种营配外勤工单类型，推动班组业务工单化、工单数字化、数字绩效化，构建基于业务工单的班组精益积分体系，跟踪管控工作质效，为基层减负增效赋能。

（3）加快数字赋能转型。践行“人人是数据生产者、治理者、使用者、获益者”理念，深化数据目录建设，提升数据易用性。开展数据审批流程监控，提升数据共享流转效率。搭建数据应用分析环境，提供自助数据处理、统计分析、数据挖掘、人工智能等在线服务环境。上线发布数据应用平台，提升数据应用成果快速构建、敏捷迭代、共享共用能力。

3. 案例展示

下面以国网温州供电公司电气试验一班为例，展示数智运用的创建过程。

1. 建设方向

工作票数字化模式构建。

2. 场景描述

《电力安全工作规程》指出工作票制度是保证安全生产的重要组织措施，检修单位根据工作内容、安全措施分别执行第一种与第二种工作票。在人工开票的模式下，每月工作票在检修运维双方执行完回收后有2%的错误率，人为因素造成的票面差错无法彻底消除。所以亟需创新一种能够智能成票、智慧审票的体系，降低签发工作票的人工成本，消除工作票签发差错率，并监督工作票的执行环节，保证存档的工作票正确无误。

3. 做法措施

研制智能票务系统，实现工作票开票的安全、效率双提升。结合现有开票时人工画图经验，将变电站接线拓扑图库进行数据建模，实现图形化检修区域选择和单一设备选择相互补充修正的方式，完成工作票各关键信息要素的机器智能填写。同时智能开票系统将关联生产计划的工作内容、人员安排、安全措施，构建一键式生成工作票，从而实现节约开票人工成本，降低人为错误率。依据工作票填写细则要求，运用图像识别技术和机器学习算法，自动识别和匹配工作票关键信息，加强工作票执行智慧审查能力，实现审票环节机器代人。

项目实施首先进行需求调研，针对工作票开票现有状况，着重分析各个部门之间的业务流程，收集业务流产生的各项表单数据，制定项目计划。然后开展业务分析，对收集的工作计划、工作票等单据进行数据分析，明确现有开票各环节的不足，从源头控制工作票填充内容的准确性，保障开票业务顺利进行的同时提高运维工作的效率。

接着是系统设计，一是建立数据库，从关联的工作生产计划、变电站接线图等获取所需的各项数据；二是工作票开票，对变电站、设备等运维内容进行准确的选择后，可实现一键式生成工作票；三是智慧审查，对工作票的开票情况、执行情况等进行反馈复核，着力提高工作票的准确率。

系统开发环节，根据系统架构和系统需求，确定系统使用的开发技术，制定合理统一的编码原则，完成系统开发。首先进行数据库选型，完成数据结构设计与开发，其次根据系统详细说明确定界面设计和系统功能，最后在确认的界面设计上完成与用户交互功能的实现、相应UI的开发，并实现和数据库的链接，前后界面的对接。

系统开发完成后首先进行测试，所有功能模块进行集成整合，配合实际业务流程测试系统的功能完善性和操作便捷性。然后，系统试运行，制定系统试运行周期，初步进行系统的实际试运行，在不断测试中改进系统还存在的问题，保障系统的可行性。最后正式上线，在试运行期间问题已解决或无问题出现，系统可投入正式生产环节的使用。

最终，实现建立一个完全标准且百分之百准确的开票系统，它能够完整展现电气设备元件包括各闸刀、开关的状态，实现简易线路图的生成，包括各警告牌、展示牌的标注。并做到智能审票，开票出现问题能够进行自动纠错。

4. 取得成效

目前，智慧票务软件已投入试用，在220kV龙山变电站全站及220kV瞬岙变电站的线路间隔试点实现一键生成工作票功能，开票准确率从原有的90%提升到现在的100%。工作票签发时间，第一种票从原来每张所需的20～40min缩减到了1min以内，第二种票也从原来所需的约5min缩减到了1min以内，大幅提高了一种票签发准确率及效率，并获市公司运检部、安监部等指导部门肯定。

5. 做法措施固化清单

（1）持续开发“智慧票务”软件，确定“一键成票”功能清单。

（2）固化具备一键导入的文件模板，以便在不同变电站不同单位进行移植使用。

※2.3.3 激励机制

1. 建设背景

近年来，为加快建设具有中国特色国际领先的能源互联网企业，增强员工队伍发展动力和组织运行活力，解决一线人力资源结构性矛盾，需要建立科学的激励机制，调动员工积极性、发掘员工潜能、提高员工业绩。随着电力体制改革的不断深化，多年形成的平均主义分配制度正在被打破，经营者的激励受到各方面的重视，多种激励方式的探索正在进行。

2. 工作思路

（1）丰富员工考核激励模式。优化绩效管理理念和工具，引导公司效益效率与人才合理评价同步提升。加强绩效经理人履职考评，严格落实绩效合约签订、量化评价、考核分级、结果公开等制度，拓宽班组员工考核结果应用广度和深度。指导供电企业优化营配调等末端组织内部员工业绩考核体系。进一步清理规范评比表彰，合理合规制定年度计划，依法依规兑现荣誉奖励，全面落实班组员工奖惩制度，优化奖惩工作考核模式。

（2）完善员工薪酬待遇机制。探索工分制绩效考核体系，树立“干多干少不一样，干好干优不一样”理念，打破员工奖金大锅饭，降低原有奖金与职级编制的强相关性。将积分与奖金形成正相关，同时探索工作质量考核，在工作量的基础上给予相应考核。建立薪酬专项奖励体系，设立专项激励包，提升一线岗位员工和高技能人才奖金发放标准，多方面提升员工工作积极性。

（3）拓宽全口径员工成长通道。建立全口径统一选拔标准，打通原有因编制限制的发展“天花板”。构建能上能下的岗位成长通道，搭设灵活积极的人员流动平台。结合电网服务发展需要，按照工作年限、技能水平、工作表现等综合评价，进行各类优秀员工称号评定。按等级考核发放相应奖励。吸引留住班组人员立足岗位成长成才。

3. 案例展示

下面以国网台州供电公司配调班为例，展现激励机制的创建过程。

1. 建设方向

基于四维评价标准的“星级绩效”激励

机制。

2. 场景描述

调控专业目前人员短缺是常态，调度员往往身兼数职，值班之余需要承担较多额外管理工作。若不能对班员绩效进行客观公正评价，容易导致承担工作较多的员工心理失衡，影响其工作的主观能动性和积极性，不利于营造勇挑重担的班组文化，不利于提升班组凝聚力、执行力和总体绩效。解决该问题需要在班组中寻求一种既能体现公平公正公开原则，又能体现各位员工实际工作量和工作成效的全新绩效管理模式。

3. 做法措施

（1）建立组织机构，成立绩效管理小组。为强化班组绩效管理工作，专门成立由分管领导和班组负责人组成的绩效管理小组，常务负责人为班长，成员为班组副班长。绩效管理小组主要负责制定、审核各班员定性工作考核情况、考评结果及奖励方案，审核绩效指标调整建议，监督绩效管理过程的公平性、公正性和合理性等重大事项。

（2）制定具体考核方案。

1）班组员工绩效按一个公历年度进行考核。

2）每个月提取班组全民员工总系数的4%与年度绩效考核结果挂钩。

3）班组员工个人年度绩效考核按星级进行评定，由四大部分组成，年终得分根据工作量星级评定（包括岗位工作量星级评定、所承担额外工作量星级评定）、岗位安全承载力星级评定、工作质量星级评定及个人成就星级评定最终确定。即：年终星级=岗位工作量星级+所承担额外工作量星级+岗位安全承载力星级+工作质量星级+个人成就星级。

岗位工作量星级评定依据班组各岗位职责结合实际工作内容制定，根据工作量大小评定为1～10星不等。

所承担额外工作量星级评定根据班组员工在实际工作中所承担具体工作量来衡量评定，承担多个岗位的叠加相应岗位星级，多人承担同一岗位的根据承担工作量按比例分配星级；无对应岗位的临时性工作如班组建设、创新创效等工作，每次按实际工作量及工作成效做1~5星加权。

岗位安全承载力星级评定根据班组各岗位安全责任清单和实际工作内容制定，按不同的岗位安全责任评定为1~10星不等，从事多个岗位按最高等级岗位计。

工作质量星级即根据上级绩效考核结果对应到相应责任人的星级评定，绩效考核0.1分对应考核1星。

个人成就星级即个人在各个竞赛活动中获得的奖励对应到相应的奖励星级。其中，班组员工个人获得国家级、国家电网公司级（省级）、省公司级（地市级）、市公司级奖项的，该员工年度绩效加10、8、6、4星；班组员工在承担急难险重任务中作出特殊贡献的，由绩效管理小组商定酌情给予加1~3星。

4）班组员工扣分项主要包括：在廉政安全、依法治企、风险防范等方面，每发生一起，根据后果严重性、影响范围等每项分别扣1~10星；本职工作执行不力未达到工作要求的扣1~5星；发生人为原因责任的安全问题视影响程度扣1~10星。

5）考核结果应用。班组员工年度绩效考核奖=班组员工年度最终绩效星级/班组员工年度绩效总星×奖金池中考核奖总数。

6）班组每月月度会对班组当月星级评定结果予以公示，班组各被考核人员对考核结果有异议，可向直接主管负责人提出，并给予答复。若被考核人员对主管答复仍有异议的，可向部门领导提出申诉，并给予答复。

4. 取得成效

通过班组四维化星级绩效的实施，将班组各个岗位、各项工作进行量化分解，每一项工作对应到人，充分体现班组每位员工的工作量和工作成效，解决了工作过程中“干多干少一个样、干好干差一个样”的负面状态，以10人之力踊跃承担19人的工作量，提升工作成效90%，节约人力资源47%；又在整个过程中全程透明接受监督，做到公正公平公开，既不伤害伙伴感情，又能激发大家的工作积极性，从而提升整个班组公正向上的工作氛围。

5. 做法措施固化清单

（1）配网调控班岗位工作量星级评定表。

岗位名称	正值	副值	运方	继保	自动化	安全员	技术员	生活员	调度管理
星级评定	9	8	10	6	7	8	6	3	8

（2）配网调控班人员岗位清单。

序号	姓名	岗位1	岗位2	岗位3
1	黄某某	配网调控班班长	—	—
2	王某某	配网调控班副班长	—	—
3	郭某某	配网调控班运方	技术员	—
4	陈某某	配网调控班调度员正值	调度管理	运方B岗
5	徐某某	配网调控班调度员正值	继保	安全员
…	…	…	…	…

（3）配网调控班岗位安全承载量星级评定表。

岗位名称	正值	副值	运方	继保	自动化	安全员	技术员	生活员	调度管理
星级评定	10	8	7	7	7	8	7	—	7

（4）配网调控班班组员工年终考核星级评定表。

班员	岗位工作量星级	岗位安全承载力星级	额外工作量加分星级	绩效指标考核星级	个人奖励星级	合计	备注1	备注2
郭某某	10	7	10			27	6	2
陈某某	9	10	19			38	13	3
徐某某	9	10	17			36	14	2
姜某某	8	10	9			28	7	
周某某	8	8	3			19	3	
王某某	8	8	0			16		
侯某某	8	8	2			18	2	
蔡某某	8	8	o			16		
傅某某	9	10	4			23	3	1
李某某	8	8	4			20		2

注 1. 超额岗位星级叠加。

2. 质量信得过班组创建。

※2.3.4 队伍建设

1. 建设背景

随着新技术革命背景下的新业态、新模式逐

渐形成，新时代高质量发展更加倚重高水平的人力资本。目前国网浙江电力还存在用工总量压降缓慢、人员退出难、人员流动不充分、数字化人才匮乏等问题，制约了班组人才队伍质效的提升。

2. 工作思路

（1）落实班组主体责任。明确国网浙江电力专业部门负责人为班组建设责任人，落实“专业主导”责任，增强“向下指导、横向沟通”意识，加强各专业部门对基层班组专业化管理的业务指导力度。班组长为班组建设带头人，落实“班组引领”带头，强化基层班组建设“一把手”负责制。积极开展班组内创新创效，人员培训、知识管理等内部提升工作。

（2）夯实班组安全基础。牢固树立安全发展理念，秉承“安全是技术、安全是管理、安全是文化、安全是责任”的思路，以强化安全意识、规范安全行为、提升风险事故防范能力、养成良好安全行为习惯为目标，创新班组安全活动载体、注重实效，开展无违章班组和无违章个人创建，推动构建自我约束、持续改进的班组安全长效机制，全面提升安全生产水平。在电网运行、设备检修、工程建设等重点领域加强安全教育和专项培训，开展安全风险管控和隐患排查治理，提升班组安全技能水平，全面落实班组安全生产责任制。

（3）推动班组自主提升。倡导班组运用时间管理，充分利用碎片化时间按需自主提升、自我发展，不断提升班组班员整体素质。定期评估一线班组队伍建设的进展情况，各单位每年对班员的专业技能和综合素质进行评价，做好结果反馈、制定相应对策。对自主学习能力强、技能提升较快、综合能力提升突出的班员，应予以适当奖励。对未能实现提升目标的班员，应采取必要的帮扶措施，逐步形成班员从“要我学”到“我要学”自主提升、自我发展的良好氛围。

3. 案例展示

下面以国网杭州余杭区供电公司调控运行班为例，来展现队伍建设的创建过程。

1. 建设方向

“一徒多师”培训模式加快新员工培养。

2. 场景描述

近年来，随着调控运行班人员流动的加

快，国网余杭区供电公司调控运行班每年都有人员的流出和流进，因调控工作需要掌握的业务知识比较广泛，对于新进调控员特别是新进大学生来说，要快速掌握这些知识，需要对他们进行大量的培训，花费较长的时间。而调控运行班近几年人员一直处于比较紧张的情况，特别是2021年面临公司分区，调控员大量缺员的情况，下半年内新进了6名新员工，必须让新进员工快速成长，才能保障调控业务的安全有序开展。

3. 做法措施

（1）建立调控新员工培训专家库，形成师傅团队。

调控运行班在每年初进行一次培训专家库的建立，形成师傅团队名单，考虑培训工作方便性，选择部门内部各专业人员形成培训专家库。

充分考虑员工工作年限、学历背景、工作经历等不同情况，以及员工在工作习惯、个人经验等方面的优势，在每个人的优势领域成为负责一项或几项业务的培训专家。同时每次专家授课后，专家以考卷形式检查培训效果，学员对专家准备的教案、讲解情况进行评分，形成相互评价机制。一方面保证培训效果，另一方面根据评分每年调整专家库人员名单，同时部门对评分高的专家给予相应激励，提升积极性。

（2）班组专业工程师统筹，制定培训计划，丰富培训形式。

新员工进入调控班后，由班组专业工程师统筹开展岗前培养工作，根据员工来源，如新进大学生或来自其他不同部门的新员工，针对性地制定个性化的培训计划，以新进大学生的培训计划作为调控员岗前全面培训的依据。

在培训形式方面，针对不同的业务类型，尽量采取多样化的培训形式。例如，针对现场设备的情况，采取直接到变电站等设备现场进行观摩讲解的形式。针对调度日常的故障处理，采用事故演习的方式开展。针对一些系统使用方面的培训，采取视频录像的模式。通过不同的培训模式，一方面提升培训工作的体验感，另一方面更好地达到培训的实际效果。

（3）专业技能导师负责制，负责日常学习指导。

按照员工培养方面“三维导师”培养法（专业技能导师、成长伯乐导师、职业关怀导师），在班组层面，建立专业技能导师负责制，在班组内部为新员工选择一位专业技能导师，签订师徒协议，由专业技能导师负责新员工到正值上岗前的全过程培养。主要负责新员工日常业务的教授，以及岗前各专业培训工作的督导、跟踪和效果检查、测评等等，对新员工的培养起到全程管控的作用。

（4）建立完整的考评机制，确保培训效果。

1）在每个单项业务培训工作完成后，采用随堂测试、技术问答或实际操作演示等方法，及时对培训效果进行检验，确保每次专题培训达到应有的成效。

2）按照培训计划进行阶段性培训之后，进行各个阶段的考评测试，采用闭卷考试、面试考问、反事故演习等多种形式，对每个阶段的培训效果进行系统性检验，并根据考评结果对培训计划重新评估，必要时调整培训计划。

4. 取得成效

在采用“一徒多师”培训模式之后，对新员工的培养成为整个班组以及整个调控中心的工作。新员工培养出来后，对增强班组技术力量有了提升，让整个班组的工作得到良性发展，使得调控班对于新员工培养的效率有了明显的提高。

2021年，调控运行班新进6名新员工，全部在3个月完成了副值调控员的上岗考核，另有2名原副值调控员完成了正值调控员的岗位考核。

5. 做法措施固化清单

（1）调控员培训专家库；

（2）新进调控员培养计划表；

（3）新进调控员师徒协议。

3 卓越班组的创建流程

3 卓越班组的创建流程

卓越班组的创建流程分申报初审、中期检查、过程考量、验收评审四部分（见图 3-1）。一般于每年 6 月启动，至 12 月完成评审。本章将对每一个阶段具体的评价标准、表单填写以及注意事项进行详细说明，以便指导基层班组快速熟悉卓越班组的创建流程。

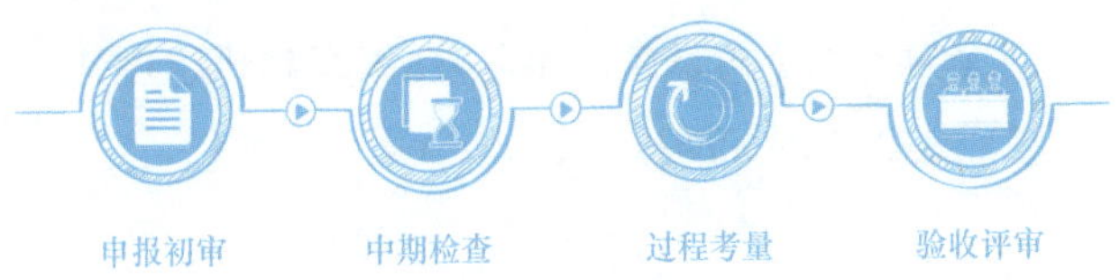

图 3-1　卓越班组创建流程

创建流程的每个阶段分值占比见表 3-1，申报初审占比 5%，中期检查占比 10%，过程考量占比 5%，验收评审占比 80%，其中答辩效果占比 15%，班组创建管理成效占比 50%，案例质量占比 10%，加分项占比 5%。

表 3-1　卓越班组创建标准

创建标准	申报初审	中期检查	过程考量	验收评审			
				答辩效果	班组创建管理成效	案例质量	加分项
占比	5%	10%	5%	15%	50%	10%	5%

一般综合考评分数 70 分以上经评定审核可创建为“县公司卓越班组”，80 分以上经评定可创建为“市公司卓越班组”，90 分以上经评定可创建为“省公司卓越班组”。各级卓越班组创建参照表 3-1 的标准执行。

3.1 申报初审

※3.1.1 评价标准

1. 评分标准

如表 3-2 所示，在申报初审阶段，主要有三个考评点，其中自我分析评估占 30 分，材料报送的完整性和及时性占 30 分，佐证材料的质量占40分。

表3-2　卓越班组创建申报初审考评标准

序号	类别	分值	评分标准
1	自我分析评估	30	自我分析充分，评估论述完整，具有明晰的建设方向、计划，整体为优的得25～30分，较优19～24分，中等13～18分，较差7～12分，差0～6分
2	材料报送及时完整	30	材料按照时间节点报送，按照报送及时性、完整性、规范性取0～30分
3	佐证材料质量	40	有真实完整的支撑材料，电子及纸质材料客观完备，规范合理，文字精炼简洁，整体为优的得33～40分，较优25～32分，中等17～24分，较差9～16分，差0～8分

（1）自我分析评估（分值30分）。主要体现在卓越班组创建申报表中自我分析评估模块及卓越班组创建报告中的班组情况介绍，要求结合当前人力资源、当前业务流程、当前管理模式、当前技术特点、专业管理指标、当前难点堵点、发展趋势、涉及技术前景、业务流程预判及未来突破重点进行评估，并明确创建方向，制定较为具体的计划。

（2）材料报送及时完整（分值 30 分）。市县公司卓越班组按照公司总体要求，实现自发创建、自主管理、自我提升，自 6 月起每两个月 20 日前反馈本单位卓越班组培育建设情况及累计培育数量，相关材料均要及时、完整、规范报送。

（3）佐证材料质量（分值 40 分）。卓越班组创建申报表中的班组近三年主要荣誉，班组“一票否决”事项审核表以及卓越班组创建报告中均要求提供佐证材料，提供的佐证材料必须真实、完整，按要求加盖印章，并提供相关的文字说明。

2. 表单样表

本阶段需要填写两份表单，一是卓越班组创建申报表，二是班组“一票否决”事项审核表，分别如表 3–3 和表 3–4 所示。

表 3–3　卓越班组创建申报表

单位（盖章）	年　月　日
申报班组名称	所属单位（市县公司规范化简称）+ 班组名称
推荐单位名称（一级单位）	地市一级公司规范简称

续表

<table>
<tr><td>专业类别</td><td></td><td>细分专业</td><td colspan="2"></td></tr>
<tr><td>分管领导</td><td></td><td>电话</td><td colspan="2"></td></tr>
<tr><td>分管部门负责人</td><td></td><td>电话</td><td colspan="2"></td></tr>
<tr><td>班组建设专职</td><td></td><td>电话</td><td colspan="2"></td></tr>
<tr><td>邮箱</td><td></td><td>联系地址</td><td colspan="2"></td></tr>
<tr><td>所属清单</td><td colspan="4">供电所专业、变电运检专业、×××</td></tr>
<tr><td colspan="5">班组基本情况</td></tr>
<tr><td>班组简介</td><td colspan="4">简单介绍班组成立时间、服务范围、服务内容、服务团队等情况（300字内）</td></tr>
<tr><td>班组长个人简介</td><td colspan="4">简单介绍班组长个人能力、获奖、成就等（200字内）</td></tr>
<tr><td>班组近三年主要荣誉（多项可自主添加，不超过5项）</td><td>获奖名称</td><td>获奖时间</td><td>获奖等级</td><td>授权单位</td></tr>
<tr><td>自我分析评估</td><td colspan="4">对当前人力资源、当前业务流程、当前管理模式、当前技术特点、专业管理指标、当前难点堵点、发展趋势、涉及技术前景、业务流程预判、未来突破重点进行评估。（500字）</td></tr>
<tr><td>申报单位意见</td><td colspan="4">（公章）　　年　　月　　日</td></tr>
</table>

表 3-4 班组“一票否决”事项审核表

序号	事件项	统计频次	自评方式	结论（勾选）
1	未完成公司规定的年度安全生产目标	年度	查询安监管理一体化平台	发生□/未发生√
2	发生七级及以上电网、设备责任性事件；发生八级信息系统责任性事件；发生八级及以上人身事件；发生负主要责任的农村群众触电伤亡事故；发生恶性违章、电气误操作事故；发生火灾事故；发生同等及以上责任交通事故	年度	查询安监管理一体化平台	发生□/未发生√
3	发生违法违纪及刑事案件	年度	查询专业报告和媒体事件	发生□/未发生√
4	员工受行政、党、团警告及以上处分	年度	查询专业报告和媒体事件	发生□/未发生√
5	发生行风事件；发生被新闻媒体曝光及造成重大社会负面影响的属实事件	年度	查询专业报告和媒体事件	发生□/未发生√

续表

序号	事件项	统计频次	自评方式	结论（勾选）
6	发生影响企业稳定的涉及党风廉政建设和行风建设方面的来信来访和上访事件；发生员工越级上访和集体上访事件	年度	查询专业报告和媒体事件	发生□/未发生√
7	发生违反中央“八项规定”精神、上级和公司党委有关作风建设规定的行为	年度	查询专业报告和媒体事件	发生□/未发生√
8	班组业务定员或实际配置人员至少7人，且属于公司人资ERP系统中班组级机构设置	半年度	人资ERP系统	符合√/不符合□

注　针对“一票否决”事项出具人资ERP系统中班组级机构情况、集体信访稳定、安全生产、廉政自律等意见并盖意见部门章。

※3.1.2 表单填写规范

1. 卓越班组创建申报表填写

（1）在班组简介一栏，简单介绍班组成立时间、服务范围、服务内容、服务团队等情况，要求言简意赅，突出重点。规范填写示例如下：

班组简介	班组成立于2007年，是国家电网公司范围内首个实体化运作的运检监一体化班组。2021年经过监控职权的调整，正式更名为渡东集控站。班组现有员工45人，平均年龄40.8岁，高级技师10人，高级工程师10人，国家电网公司专家2人，管辖30座变电站，主要负责所辖变电站的变电运维、变电检修以及主辅设备的全面监控业务。班组始终聚焦本质安全，首创融合变电运维和变电检修两大专业的制度、技能、业务、绩效、模式等维度的多元融合运检监一体生产模式。历经14年的探索实践，渡东集控站形成了运检监一体化的“绍兴经验”，破解了结构性缺员难题、唤醒了沉睡的人力资源，实现了安全和效益双提升，并获得成功复制推广

（2）在班组长个人简介一栏，简单介绍班组长个人能力、获奖、成就等，并附佐证材料。规范填写示例如下：

班组长个人简介	王伟，国网绍兴供电公司渡东集控站站长。从1992年参加工作，先后从事继电保护和运检监一体工作，在G20保供电、迎战“黑格比”等急难险重任务中冲锋在前，出色完成23项重点保供电任务。他大力推进运检监一体化的实践落地，并助力运检监一体模式的复制推广。先后获省公司优秀班组长、省公司劳动模范等多项荣誉称号，主持的两项QC攻关项目获省公司优秀质量管理小组成果一等奖、一项管理成果获省公司企业管理创新成果二等奖

（3）在班组近三年主要荣誉一栏，必须填写

近三年的班组荣誉，不超过5项，获奖时间以佐证材料中荣誉证书的落款时间或正式发文时间为准，获奖等级要求省公司级及以上。规范填写示例如下：

班组近三年主要荣誉	获奖名称	获奖时间	获奖等级	授予单位
	国家电网公司工人先锋号	2021年1月	国家电网有限公司	国家电网有限公司
	国家电网公司先进班组	2019年3月	国家电网有限公司	国家电网有限公司工会
	精品典型示范班组	2018年9月	省公司	国网浙江省电力有限公司

（4）在自我分析评估一栏，注重突出班组建设的重点、亮点工作，以及未来的建设方向。规范填写示例如下：

自我分析评估	渡东集控站在实现变电运行、检修两大专业全面融合的基础上，融合监控业务，充分发挥设备主人作用，实现核心业务的“运检监一体化”运作。班组积极推进数字化班组建设，通过引入智能巡检机器人，联合研发操作机器人，升级辅控系统，推进安全工器具室智能化改造，实现数智运用的升级；创新激励机制，通过制定运检专项奖金、基于人岗适配的安全生产奖惩实施细则，实现运检监一体工作专项激励和安全生产奖励的动态分配；加强队伍建设，班组针对员工的实际情况进行培养，制定不同的培训计划，开展专业技能培训、鉴定。通过举办各类技能考核，重点筛选技能领先、综合素质过硬人员，通过技术员、副班长、正班长等重要岗位历练，加快骨干队伍建设

2. 班组“一票否决”事项审核表的佐证材料

（1）集体信访稳定审核意见（见图 3–2）。

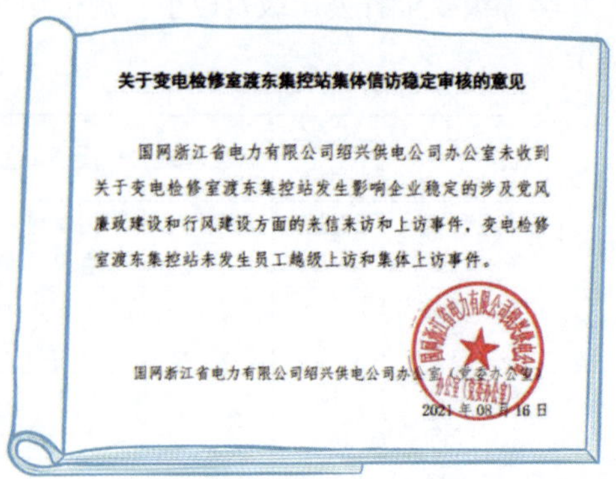

关于变电检修室渡东集控站集体信访稳定审核的意见

国网浙江省电力有限公司绍兴供电公司办公室未收到关于变电检修室渡东集控站发生影响企业稳定的涉及党风廉政建设和行风建设方面的来信来访和上访事件，变电检修室渡东集控站未发生员工越级上访和集体上访事件。

国网浙江省电力有限公司绍兴供电公司办公室（党委办公室）

2021 年 08 月 16 日

图 3–2　集体信访稳定审核意见

（2）安全生产审核意见（见图 3–3）。

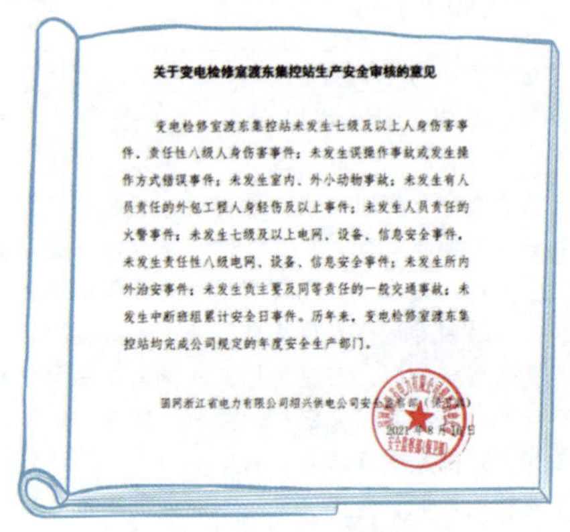

关于变电检修室渡东集控站生产安全审核的意见

变电检修室渡东集控站未发生七级及以上人身伤害事件、责任性八级人身伤害事件；未发生误操作事故或发生操作方式错误事件；未发生室内、外小动物事故；未发生有人员责任的外包工程人身轻伤及以上事件；未发生人员责任的火警事件；未发生七级及以上电网、设备、信息安全事件，未发生责任性八级电网、设备、信息安全事件；未发生所内外治安事件；未发生负主要及同等责任的一般交通事故；未发生中断班组累计安全日事件。历年来，变电检修室渡东集控站均完成公司规定的年度安全生产部门。

国网浙江省电力有限公司绍兴供电公司安全监察部（保卫部）

2021 年 8 月 16 日

图 3–3　安全生产审核意见

（3）廉政自律审核意见（见图 3-4）。

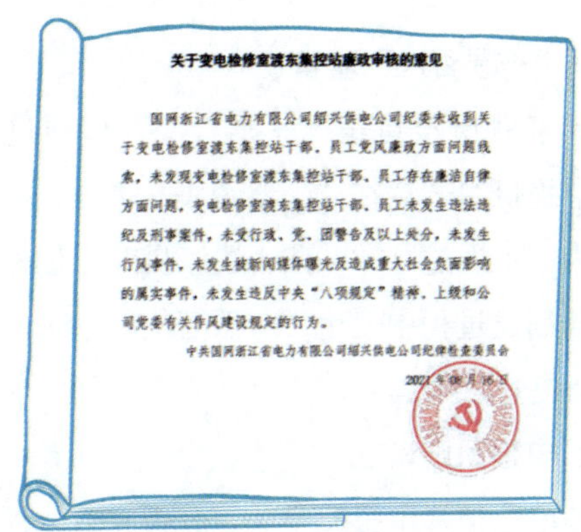

关于变电检修室渡东集控站廉政审核的意见

国网浙江省电力有限公司绍兴供电公司纪委未收到关于变电检修室渡东集控站干部、员工党风廉政方面问题线索，未发现变电检修室渡东集控站干部、员工存在廉洁自律方面问题，变电检修室渡东集控站干部、员工未发生违法违纪及刑事案件，未受行政、党、团警告及以上处分，未发生行风事件，未发生被新闻媒体曝光及造成重大社会负面影响的属实事件，未发生违反中央“八项规定”精神、上级和公司党委有关作风建设规定的行为。

中共国网浙江省电力有限公司绍兴供电公司纪律检查委员会

2021 年 月 16 日

图 3-4　廉政自律审核意见

（4）班组机构设置意见（见图 3-5）。

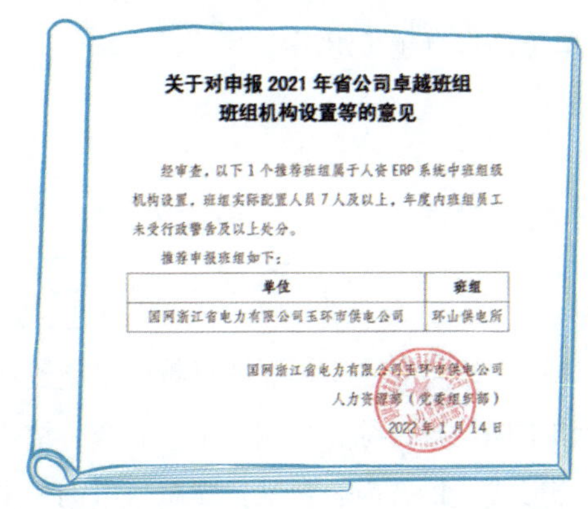

关于对申报 2021 年省公司卓越班组班组机构设置等的意见

经审查，以下 1 个推荐班组属于人资 ERP 系统中班组级机构设置，班组实际配置人员 7 人及以上，年度内班组员工未受行政警告及以上处分。

推荐申报班组如下：

单位	班组
国网浙江省电力有限公司玉环市供电公司	环山供电所

国网浙江省电力有限公司玉环市供电公司

人力资源部（党委组织部）

2022 年 1 月 14 日

图 3-5　班组机构设置意见

※3.1.3 注意事项

1. “一票否决”验审

专家对申报班组“一票否决”事项进行验审。申报班组若存在“一票否决”事项，则本次申报为“不通过”。“一票否决”贯穿于创建全过程，若创建过程中发生“一票否决”事项，则创建自行终止。

2. 申报罚则设立

各单位把好申报质量关，分析充分，评估论述完整。如申报公司推荐班组初审考评低于60分，或未按公司卓越班组创建理念方法和过程管理来培育创建，撤销其卓越班组申报资格，同时所在单位停报卓越班组一年。

3.2 中期检查

原则上每年8～9月开展卓越班组创建现场指导和中期检查，综合采用线上、联合、结合式考评等形式。检查内容包括：卓越班组创建工作宣贯情况、班组对卓越班组创建工作的认可和形成实效的情况；卓越班组创建工作推进情况，班员掌握方法情况及过程性记录及阶段性成效；卓越班组创建团队建设、党建工作及班貌班风等情况。

※3.2.1 评价标准

1. 评分标准

如表 3–5 所示，在中期检查阶段，主要有三项考评项，其中党建引领占 40 分，班貌班风占 30 分，过程记录占 30 分。

表 3–5　卓越班组创建中期检查考评标准

序号	考评项	分值	评分标准
1	党建引领	40	注重班组民主管理，现场感受和综合评估班组凝聚力、文化凝聚力、党员亮身份等情况，整体为优的得 33 ~ 40 分，较优 25 ~ 32 分，中等 17 ~ 24 分，较差 9 ~ 16 分，差 0 ~ 8 分
2	班貌班风	30	班貌班风，包括班组人员着装、精神风貌、人员工作专注度、班组和谐互助氛围以及班组办公区和作业区定置管理、规范整洁等情况。整体为优的得 25 ~ 30 分，较优 19 ~ 24 分，中等 13 ~ 18 分，较差 7 ~ 12 分，差 0 ~ 6 分

续表

序号	考评项	分值	评分标准
3	过程记录	30	卓越班组创建日常表现，相关过程性记录情况，定置管理、规范整洁等情况。整体为优的得25～30分，较优19～24分，中等13～18分，较差7～12分，差0～6分

（1）党建引领（分值40分）。班组民主管理体现在班组制度健全、班务记录公开、党建工作规范、职工参与广泛等方面；班组凝聚力体现在团队合作方面；文化凝聚力体现在班组文化的提炼、文化传承方面；党员亮身份体现在发挥班组党员的先锋模范作用上。

（2）班貌班风（分值30分）。实地感受班组人员、班组氛围以及班组办公环境等情况，包括班组人员着装、精神风貌、人员工作专注度、班组和谐互助氛围以及班组办公区和作业区定置管理、规范整洁等情况。

（3）过程记录（分值30分）。要求卓越班组创建工作在该班组得到较好的宣贯、班组成员对卓越班组创建工作有积极的认可、掌握了创建方法并形成日常的过程记录，取得一定的实效。

2. 表单样表

在本阶段，需要填写两份表单，一是卓越班组创建中期检查自评情况，主要是针对中期检查考评标准开展自评；二是卓越班组创建中期检查小结，分别如表 3–6 和表 3–7 所示。

表 3–6　卓越管理的精品班组创建中期检查自评情况

序号	类别	分值	评分标准	得分	得分点
1	党建管理	40	注重班组民主管理，现场感受和评估班组凝聚力、文化凝聚力、党员亮身份等情况，整体为优的得 33 ~ 40 分，较优 25 ~ 32 分，中等 17 ~ 24 分，较差 9 ~ 16 分，差 0 ~ 8 分	40	（1）落实党建标准化规范化建设。（2）深化“红船精神、电力传承”特色实践。（3）实施党员责任区网格化管理。（4）筑牢基层站所廉洁阵地
2	班貌班风	30	班貌班风，包括班组人员着装、精神风貌、人员工作专注度、班组和谐互助氛围以及班组办公区和作业区定置管理、规范整洁等情况。整体为优	30	（1）办公环境干净整洁，未存在“两房一车”违规问题。（2）建立“三乘三”人才培养体系。（3）打通供电所全编制职业通道。

续表

序号	类别	分值	评分标准	得分	得分点
2	班貌班风	30	的得25～30分，较优19～24分，中等13～18分，较差7～12分，差0～6分	30	（4）开展积分制员工二级绩效分配
3	过程记录	30	卓越班组建设日常表现，相关过程性记录情况，区定置管理、规范整洁等情况。整体为优的得25～30分，较优19～24分，中等13～18分，较差7～12分，差0～6分	30	（1）梳理制度标准管理体系。 （2）构建知识管理共享体系。 （3）开展班组创新创效常态化建设
4	总计	100			

表3-7 卓越班组创建中期检查小结

一、总体建设概况

班组简介

…

（一）党建引领

…

（二）班貌班风

…

（三）过程记录

…

续表

二、四个关键简述 (一)核心业务 1. 通用场景 1(建设方向:…) 场景描述:… 做法措施:… 取得成效:… 风险点分析及应对措施:… 做法措施固化清单:… 2. 通用场景 2(建设方向:…) 场景描述:… 做法措施:… 取得成效:… 风险点分析及应对措施:… 做法措施固化清单:… (二)数智运用 … (三)激励机制 … (四)队伍建设 … 三、小结 取得的阶段性成效或体会…

※3.2.2 表单填写规范

中期检查阶段需要编写卓越班组创建中期检查小结，主要包括总体建设概况与四个关键简述两部分。

1. 总体建设概况编写

（1）党建管理。党建管理部分可以写班组民主管理、班组凝聚力、文化凝聚力、党员亮身份等内容，内容要具体，事例要详实，具体参考下面的示例。

（一）党建管理

1.1 班组民主管理

1.1.1 班组制度健全班务记录公开

班务公开是提高班级工作透明度、加强监督、激励先进、鞭策后进的有效办法，班组通过多种形式广泛宣传班务公开、加强民主管理等方面的有关知识，班组定期公布本班人员出勤情况、及时公布本班安全考试及技术考试成绩情况、及时公布本班人员受奖情况及被考核情况、公布依据本班实际情况而制定的班级规约及管理办法等班务公开内容，对促进班级发展和团结起到了巨大的推动作用。

1.1.2 党建工作规范职工参与广泛

定期在党员活动室召开党员民主生活会，听取基层员工关于生活和工作的一些新想法，切实解决他们所遇到的实际问题；同时做好党员的思想工作建设，使“两学一做”学习教育常态化、大众化，开展党性实践活动以提高党员的党性修养，保持和发展党员的先进性。

1.2 班组凝聚力

1.2.1 班组目标一致深化运检监一体

渡东集控站是国家电网公司系统内首个实体化运作的运检监一体化班组，实现了变电运行、检修两大专业的全面融合，班组全体人员按照“运维学检修、检修学运维、新员工学运检”这三个维度全面提高个人专业技能水平，班组日常每月开展技能培训，每季度进行专项测试，定期进行技能鉴定，将考评结果与员工绩效挂钩，激发班组人员学习热情。

1.2.2 培训互为师徒技能同步提升

运维和检修专业人员之间互为师徒，通过运维人员学习检修技术、检修人员学习运维技能，逐步加强人员多维度专业能力，同时融合监控业务，培育一岗多能的全能型人才。强化青年员工的培养，完善“师带徒”工作机制，通过规范培训、先进引领，激发青年员工渴望成才的热情，带动青年员工努力成才的干劲。

1.2.3 凝聚团结合力共筑和谐集体

任何组织、任何群体都需要凝聚力，都需要团队精神，团队精神使各个成员齐心协力，拧成一股绳，朝着一个目标努力。渡东集控站成立以来，班组全体人员团结一心、努力奋斗，先后获得国家电网公司和绍兴市总工会“工人先锋号”、国网浙江电力“2018年度安全生产先进集体”、国家电网公司“精品典型（示范）班组”等荣誉称号，班组人员团队合作意识逐渐加强。

1.3 文化凝聚力

1.3.1 传承“光明”题词精神

重温周恩来“光明”题词故事，传承弘扬“光明”精神，班组依托绍兴当地红色教育资源开展了“参观周恩来纪念馆”沿着红色足迹学党史、“童心向党、共走光明路”六一节亲子日活动，自觉扛起“红船精神，电力传承”的大旗，始终秉持“人民电业为人民”的宗旨，不忘初心，继续谱写“光明事业”。

1.3.2 提炼“育创精效”班组文化

“育、创、精、效”是渡东集控站在运检监一体化探索过程中，围绕紧紧“聚”这个字打造的独有的班组文化体系，“育”是指通过三个维度，两个阶段，培育“一岗多能”的复合型人才，实现聚智；“创”是指秉持首创精神，创新运检监一体化模式，打造绍兴样板，实现聚变；“精”是指通过精心监控、精准运检，深化设备主人制落地，实现聚力；“效”是指多元融合，智慧赋能，推动运检模式质效合一，实现聚能。

1.4 党员亮身份

1.4.1 用好党员责任区，扩大典型辐射

为充分发挥全体党员的先锋模范作用，班组根据党员的不同工作岗位、个人能力和活动范围划分了党员责任区，一方面依托渡东自身文化阵地，开展“劳模工匠党史学习会”，另一方面开展党员服务队清扫“五小箱”、“用户设备义务诊断”等党员为群众办实事活动，让全体党员做刻苦学习的表率、做勤奋工作的表率、做艰苦奋斗的表率、做联系群众的

表率。

建设党员责任区是充分发挥党员先锋模范作用、增强党员意识、密切党群关系的一项有利措施。对于提高党员素质、增强党组织凝聚力和战斗力、团结带领广大群众完成党的各项任务，具有积极的推动作用。班组每个党员以自身工作职责为界，划分责任区，积极争当“四个表率”：一是做刻苦学习的表率，自觉而主动的学习，引导带领本责任区内职工群众学习各种政策及业务技术知识，不断提高自身业务技能和工作本领；二是做尽职工作的表率，勇于承担党组织交办的各项工作任务，切实履行岗位职责，勤勉敬业，任劳任怨，埋头苦干，真正成为所从事工作岗位上的行家里手，创出一流工作业绩；三是做遵章守纪的表率，老老实实做人，规规矩矩干事，忠诚干净担当，自觉接受党组织和职工群众的监督，真正做到一切为了团结共事、一切为了公司持续快速发展；四是做联系群众的表率，切实履行党员义务，落实党员联系职工群众制度，掌握职工群众思想及工作动态，及时向党组织反映意见和要求，做职工群众思想的贴心人、立业的引路人。

1.4.2 站好党员示范岗，提高业务标准

党员示范岗是加强党员教育管理、面向全体党员深化党内教育的重要实践，具有先进典型的带动示范作用。变电检修室根据部门、班组实际情况每季进行评比，充分发挥党员带头、示范、辐射作用。一是学习教育上做示范，依靠党小组长群、党员群和入党积极分子群“三位一体”云阵地积极学习政治理论、党章党史、时政热点等学习教育动态，主动应用学习强国、读书栏上好每日“微党课”。二是组织生活上做示范，积极参与线上培训与测试，按时完成学习内容，提高理论知识；认真完成专题组织生活会规定动作，带头开展批评与自我批评；组织党员红色景点打卡，用身体触摸党史，用党的实践创造和历史经验武装自己。三是精神贯彻上做示范，严格落实外出报备制度，外出报备率100%，积极响应政府新冠疫苗接种的工作要求，完成新冠疫苗两针接种率99.07%，除不宜接种人员外，实现应种

尽种。

1.4.3 做好红船服务队，传承初心使命

红船精神，是革命精神之源，是先进性之源，为传承红船精神，班组先后举办了“红船·光明读书会”、“红船领航光明薪传”新老党员交流会等活动，打造红色阵地，推动运检监一体化作业模式深化，努力“做好电力先行官，架起党群连心桥”。

班组红船党员服务队始终将一个“+”字带在身上，凡事比别人多担当、多吃苦、多带头、多奉献。服务队坚持初心，突出本质安全，深化“红船精神、电力传承”特色实践，制定“建党百年红船行、人民电业为人民”专项行动方案，始终在围绕中心工作大局中站排头、当先锋、作表率。突出表现在“三个冲得上”：一是遇到突发性事件冲得上，在“烟花”登陆冲击电网之际，服务队党员第一时间组织抗台抢险，面对变电站进水，通过挖掘机开道，在泥泞里跋涉，穿越“山海”进行抢修堵漏，保障设备安全；二是遇到艰巨的生产任务冲得上，面对35kV翔宇变电站用户自身设备

检修经验不足，服务队党员主动请缨，参与用户变设备“体检”，编制大修作业指导书，提供专业性检修方案及指导意见；三是遇到脏累险苦等工作任务时冲得上，服务队员利用休息日时间自主开展班组楼消防设备检查、检修大厅仪器设备备品备件整理、运检站五小箱清理等工作，为职工群体提供既舒心又安心的工作环境。2021年以来，共组织红船共产党员服务队开展抢修保电、防台防汛、安全设施检查等行动达21次，参与志愿帮扶89人次。

（2）班貌班风。班貌班风要写班组人员、班组氛围以及班组办公环境等情况，包括班组人员着装、精神风貌、人员工作专注度、班组和谐互助氛围以及班组办公区和作业区定置管理、规范整洁等情况。具体参考下面的示例。

（二）班貌班风

2.1 班组人员整体风貌

班组规定，要求班员着装统一规范，工作态度认真积极，在工作时有良好的专注度。以监控在岗人员为例，要求值班人员着装整齐划一，仪容自然端庄，仪态精神饱满，时刻监视变电站的实时运行状态。

2.2 班组和谐互助氛围

2.2.1 智慧食堂智能运行，方便集体用餐

渡东集控站为职工精心打造了智慧食堂，职工选餐时，菜品的数量、营养构成、热量数据都会在档口的显示屏上动态显示，为职工提供了精细具体的健康生活参考。选餐路线为回形路线，使选餐更为顺畅。结算台采用电子拍照式结算，将餐盘放在支付的柜面上，机器感应自动结算，减少了人工结算的时间，更加高效便捷。

2.2.2 职工小家长期开放，丰富业余生活

为优化职工休息、学习环境，引导职工及时调节、释放心理压力，渡东集控站全力打造温暖舒适的职工小家。来到渡东集控站的二楼，宽敞明亮的阅览室映入眼帘，阅览室里有书架和书法用品，职工们可以在闲暇时在职工小家静心阅读、练习书法。职工们在远离自身小家的环境中，也能感受到公司和谐、温馨的

“家”的氛围。

2.2.3 技能鉴定定期开展，提升职工能力

为强化“创新+实训”模式，渡东集控站积极开展实训室建设，通过理论学习、实物教学、专家人才典型示范讲堂、技能实训讲堂等形式不断强化职工技能。各个专业技能，按照业务难度分成一到五级，同时利用职业生涯规划的形式明确了不同岗位技能等级的时间节点，并从理论、实操以及工作态度三个维度进行技能鉴定，帮助员工取得长足的进步。

2.3 班组办公区定置管理、规范整洁

班组实施严格的定置定放制度。一是要求办公资料规整，办公室实行定置管理，各类办公用品、公共设备、书籍文件摆放有序，方便工作人员使用，提高了办公效率。二是要求试验仪器规整，试验仪器标签完整无误，分类编号，定室、定橱、定位存放，布局规范、陈列美观，整齐清洁。三是要求档案资料规整，文件资料、物品分类合理，摆放、存储有序，文件盒（夹）标识规范，方便职工查阅。四是要求工器具规整。工器具建立统一的台账和

编号命名方法，确保账、卡、物一致，分类摆放、整洁有序，方便职工领用。五是推行仓储管理智能。通过移动物联网技术的应用，实行智能仓储管理，实现了物资“随时可看、随处可查、随即可领”，为紧急抢修等突发事件应急处理提供信息化支撑，提高抢修工作效率。智能化设备将“人员流、实物流、信息流”串联，对人员进出进行授权及监控，对物资进行全范围、全天候监管，实现了物资流动管理，大幅提升管理效率。

（3）过程记录。过程记录部分可以写卓越班组创建工作在该班组得到较好的宣贯、班组成员对卓越班组创建工作有积极的认可、掌握了创建方法并形成日常的过程记录。具体参考以下示例：

（三）过程记录

3.1 班组建设日常表现

一是明确岗位职责。班组将工作指标分解到月、周、日，分配给各个专业，做到事事有人管，人人有事干、各个有担子。成立班组建设领导小组，负责班组建设工作的宣传、组织、协调和监督，负责年度班组建设综合考评、班组执行情况的日常监督、指导和考评。二是重视日志和总结。对班组记录进行规范，确立了工作日志、技术、安全工作记录等内容，重视工作日志的撰写和整理，并定期进行总结。三是推行民主管理。班组定期召开民主生活会，听取群众意见，实行重大问题集体讨论，贯彻落实上级精神，加强民主管理工作。

3.2 相关过程性记录

一是做好日常计划安排，深化落实每项工作。强化日常生产管理，督促基层单位堵塞安全管理上的漏洞，及时消除事故隐患。统筹安排设备计划停运，最大限度减少停运时间。二是用好工业视频监控，实时监督工作过程。使用工业视频，开展远程设备巡视，进行作业痕迹化管控。对变电站的视频监控进行升级换代，通过监控云台，进行远程专业巡视。同时，充分利用监控球机，对现场工作人员进行规范监督，进行危险点实时提醒，及时制止违反安规的行为。

3.3 先进做法提炼总结

在安全保障方面，班组实施了《变电检修室岗位成才目标管理办法》等一系列基于“人岗适配”的管理制度，将各个专业技能，按照业务难度分成一到五级，同时利用职业生涯规划的形式明确了不同岗位技能等级的时间节点，并从理论、实操以及工作态度三个维度进行技能鉴定。通过鉴定的人员可以获得的技能等级越高，从事更难、更复杂的生产业务，获得更高的收入，这就是基于人岗适配的安全保障长效机制。在人员培养方面，班组提炼形成了“两个阶段、三个维度”标准化培训模式（两个阶段分别是集中轮训阶段和实战练兵阶段，三个维度分别是运维人员学检修、检修人员学运维和新员工运检监一体化培养），让运检监一体培养更加科学、合理、高效。在工程管理实施方面，将经典项目管理的理念应用到综合检修中，形成了基于“五纵五横”体系的综合检修项目化管理模式。将综合检修项目纵向分解为项目启动、项目规划与准备、项目执行、项目监控和项目收尾5个过程，不仅实现了检修项目管理的标准化，还避免了修前踏勘、施工方案编制、审查等工作的重复执行；同时，横向分解为项目进度管理、安全管理、质量管理、承载力管理和成本管理5个维度，实现检修项目管理的精益化。

2. 四个关键简述编写

四个关键的简述包括核心业务、数智运用、激励机制和队伍建设四个方面，每一个方面应该包括 2 ~ 4 个通用场景或个性场景，每一个场景应按照一定的框架来编写，框架包括通用场景（建设方向）、场景描述、做法措施、取得成效、风险点分析及应对措施、做法措施固化清单等。

下面以国网绍兴供电公司渡东集控站为例，来展示四个关键的编写。

二、四个关键简述

（一）核心业务

1. 通用场景 1（建设方向：高标准执行变电运检监一体化）

（1）场景描述。

通过制定运检监一体化的业务流程、管理要求及班组组建等相关规章制度，确保运检监一体各项工作均规范执行、有据可循。

（2）做法措施。

1）梳理变电业务已有规章制度；

2）制定变电运检监一体管理制度。

（3）取得成效。

1）运检维护成本减少28.64%；

2）停电时间减少1/3。

（4）风险点分析及应对措施。

标准化作业：

1）风险点分析：规章制度是运检作业的重要指导依据，目前国家电网公司针对运检监一体化作业尚未颁布专门的管理规定，地市公司需结合自身实际情况，开展运检作业，进行标准化作业全覆盖可能具有一定困难。

2）应对措施：认真梳理自身所从事业务、执行标准，配备人员，结合运检监一体典型推广方案，制定与自身情况相适应的运检监一体管理规定。

（5）做法措施固化清单。

三规范一流程：编制运检规范、宣贯制度规范、执行制度规范、闭环运检流程。

2. 通用场景2（建设方向：运检监一体化计划编制执行）

（1）场景描述。

统筹编制运维、检修、监控生产计划，发挥运检监一体优势，形成纵向覆盖年月日，横向覆盖运检监各专业的综合生产计划，通过过程管控实现闭环管理。

（2）做法措施。

1）统筹分工，根据作业面安排相关专业人员；

2）建立机动应急机制，配备日常备班人员。

（3）取得成效。

1）运检作业有据可依，有章可查；

2）业务界面划分高度清晰，安全职责全面覆盖；

3）技术标准能够全面支撑运检岗位和现场业务；

4）确保无安全盲区和责任死角。

（4）风险点分析及应对措施。

安全生产承载力：

1）风险点分析：变电站数量持续增加导致人力资源紧缺、安全生产压力大等问题，同时存在生产计划与人员匹配度不高，造成职工工作过载或轻载，影响计划的刚性执行力度。

2）应对措施：开展运检监一体安全生产承载力分析，做好“以量定员”“以能定职”，有效作业时间评估，通过计划滚动修改，保证计划刚性执行，实现人力资源有效配置，避免“超负荷、超能力、超时间”的不安全状态。

（5）做法措施固化清单。

一图三表促生产：

1）绘制阶段工作甘特图（明确工作时间节点、内容、要求）；

2）制定次月工作计划表（班组上交，工区汇总出口）；

3）制定次周风险管控表（电网、操作、作业风险）；

4）制定次日安全交底表（工作计划表、安全交底表）。

3. 通用场景3（建设方向：运检监一体化能力建设）

（1）场景描述。

在运检监一体的基础上，夯实监控业务，提高设备监控强度、运检管理细度，提升变电运检人员的状态感知、缺陷发现、主动预警、风险管控和应急处置能力。

（2）做法措施。

1）运检监一体化运作，通过建立运检人员、监控人员3个月轮转模式，有序推进全员运检监业务技能提升；

2）设备主人制深化执行，全面参与设备全寿命周期管理，实现班组对设备投运前、运行中、退役后全过程深度管控；

3）专家联合诊断分析，通过发挥班组多

专业人员技能优势，实现设备高效研判；

4）站内应急指挥，由监控人员指挥协调运检各专业人员，实现站内设备异常事故的快速分析研判处置。

（3）取得成效。

1）贴近设备，实时掌握设备状况；

2）设备故障智能研判；

3）多专业协同作业，事故处理更高效。

（4）风险点分析及应对措施。

值班模式平衡：

1）风险点分析：监控业务由于需24h监盘，监控人员在晚上作业压力相对较大。

2）应对措施：监控业务由集控站人员定期轮岗，缓减夜晚监盘压力。

（5）做法措施固化清单。

监控汇报信号，运检判断处置，共同及时闭环。

1）异常信号梳理分析；

2）运检监一体综合判断；

3）变电现场有效处置；

4）处置结束及时闭环。

4. 通用场景4（建设方向：运检监一体化业务流程构建）

（1）场景描述。

形成现代运检班组运检作业清单，运检监一体化单间隔消缺（检修试验）、运检监一体化综合检修（互为服务，工序有序衔接）等典型业务形成作业流程。

（2）做法措施。

1）角色转换：在运检融合作业过程中，通过作业人员工作职责的转换，实现全过程作业的创新做法。

2）流程优化：通过运维检修流程合并进行，实现作业无缝切换。

3）业务升级：通过运检人员专业能力提升，实现常规业务升级。

（3）取得成效。

1）小型作业效率提升50%；

2）大型作业效率提升21.4%；

3）存量缺陷下降80%。

（4）风险点分析及应对措施。

1）风险点分析：运检作业过程中，典型

的运检作业由原来的4人精简为2人，由两个部门的业务合并为同一部门的业务，监督方式由他人监督转变为相互监督，对相关人员自律执行力要求较高。

2）应对措施：强化人员作业风险意识，运检作业工作动态一日一交底，做好电网风险预警，加强痕迹化管理，利用高清摄像头对作业现场进行远程督导。

（5）做法措施固化清单。

操作消缺显效率，专业转换2+2，角色转换2+4。

运检人员1：操作停役人—工作负责人—操作复役人。

运检人员2：操作监护人—工作许可人—工作班成员—工作结束人—操作监护人。

1）先做停役再检修；

2）谁来许可谁来干；

3）设备验收对状态；

4）工作结束告调度；

5）角色转换复设备。

综合检修共合作，两次共同，一次核对。

修前踏勘共同进行，方案编写共同交流，设备状态一次核对。

1）运检合一同踏勘；

2）方案编写共探讨（运维与检修专业交流）；

3）同班人马简核对（同一组人）；

4）角色转换显效率；

5）操作检试不间断。

（二）数智运用

1. 通用场景1（建设方向：智能运检）

（1）场景描述。

图像监控远程巡视，操作机器人人机协同，一二次互联智能判断。

（2）做法措施。

1）建立图像监控远程巡视机制，定期开展运检人员远程巡检机制；

2）操作机器人人机协同，提升应急抢修效率；

3）进行一二次互联智能判断，提升设备巡视效率。

（3）取得成效。

1）主设备状态监视覆盖率达到100%，辅助设备状态监视覆盖率达到90%；

2）作业在线办理省时省力；

3）数据分析挖掘利于管控。

（4）风险点分析及应对措施。

1）风险点分析：操作机器人对操作对象（如压板、控制转换开关等）的尺寸规格统一性有一定要求，无人机巡视变电站设备时，由于设备密度较大，需保证与带电设备的安全距离，无人机操作难度较大。

2）应对措施：建立机器人运维管理实施细则，实现机器人在变电站的规范应用。

（5）做法措施固化清单。

1）设备巡检远程控制；

2）设备操作机器辅助；

3）设备状态智能管控。

2. 通用场景 2（建设方向：数字化运检）

（1）场景描述。

巡视维护人机协同，主辅设备全面监视，工作票移动办理。

（2）做法措施。

1）巡视维护人机协同，减轻运检人员巡视维护压力；

2）开展主辅设备全面监视，全面掌控设备状况；

3）工作票移动办理，提升工作票在线办理效率。

（3）取得成效。

1）数字工作票在线办理覆盖率达50%；

2）设备巡视维护效率提升20%。

（4）风险点分析及应对措施。

1）风险点分析：智能巡检机器人由于“点对点”的巡视模式，存在变电设备巡视死区，对设备无法很好地进行全面监视。

2）应对措施：与科研单位、生产厂商开展协同合作，积极总结与反馈机器人应用过程中存在的问题，进行相应改进。

（5）做法措施固化清单。

1）巡视维护机器辅助；

2）设备监视双管齐下；

3）工作任务在线办理。

（三）激励机制

1. 通用场景1（建设方向：以安全为导向的动态分配）

（1）场景描述。

制定基于人岗适配的安全生产奖惩实施细则，制立包括工作票奖、操作票奖、安全隐患发现奖等安全风险奖，细化积分规则，针对安全事故及违章进行处罚，实现安全生产奖励的动态分配。

（2）做法措施。

1）加强和规范班组安全管理工作，健全安全激励约束机制，落实各级人员安全责任，严格执行事故责任追究和考核，制定《基于人岗适配的安全生产奖惩管理办法》；

2）利用积分制度，量化个人安全生产业绩。

（3）取得成效。

1）以考核手段杜绝违章事故发生；

2）以奖励手段促进安全责任长效落实；

3）消除“大锅饭”弊端，做到按劳分配。

（4）风险点分析及应对措施。

人员稳定：

1）风险点分析：在运检监一体模式下，相比传统单专业作业模式，技能要求更高，工作强度更大，人员可能会出现抵触心理，易出现人员工作态度消极，萌生转职业岗位，年轻员工甚至会有辞职考研等想法。

2）应对措施：除设立专项奖励外，进行人员一对一谈心谈话，深入了解职工真实想法与存在难处（如家庭照顾，技能学习等），切实帮助员工克服畏难心理，让员工无后顾之忧。

（5）做法措施固化清单。

1）以绩促能，动态分配；

2）量化考核，按劳分配。

2. 通用场景 2（建设方向：以一岗多能为基础的专项激励）

（1）场景描述。

运检监一体通过人员一岗多能实现了“减员不减质”，公司层面出台专项激励政策，设立运检专项奖金，制定相关专项奖金管理办法，以运检监一体工作量进行专项激励。

（2）做法措施。

1）设置运检融合专项奖金，鼓励员工全面参与运检融合工作；

2）利用积分制度，量化个人运检监一体生产业绩。

（3）取得成效。

1）通过正向激励引导员工积极投身运检监一体工作；

2）以多劳多得促进员工多专多能。

（4）风险点分析及应对措施。奖金分配：

1）风险点分析：在运检监一体作业过程中，由于不同专业本身的工作性质，可能会导致不同专业人员获得的运检融合积分量差异程度较大。

2）应对措施：综合考虑工作量以及拓展完善运检监一体作业的定义，如运检作业不仅限于同一次任务，同一天既从事运维又从事检修也可被认定运检监一体。

（5）做法措施固化清单。

1）正向激励，增设专项奖励；

2）推优倾斜，增加优秀名额。

（四）队伍建设

1. 通用场景1（建设方向：个性化多途径人才培养）

（1）场景描述。

针对员工的实际情况进行培养，根据员工的身份（运维专业、检修专业、新员工）、技能水平等制定不同的培训计划，开展专业技能培训、鉴定。

（2）做法措施。

1）构建员工岗位成才目标管理体系，建立员工技能提升时间维度和分级目标要求；

2）建立包括业务能力鉴定（理论+实操）和工作态度鉴定的分专业1～5级技能鉴定机制；

3）建立师徒联动、班组统筹的员工技能发展考核评价机制；

4）通过“三个维度，两个阶段”有序开展各类线上线下技能培训；

5）每季度开展第二专业技能测试，持续

巩固运检融合技能提升。

（3）取得成效。

1）培养“能多干，肯多干，干得好”的“运检监”复合型人才；

2）实现员工一岗多能，培养具备运检双专业资质人员41人、具备运检监三专业资质人员12人；

3）助力班组减员增效；

4）通过培训，实现50%的人员达到二级及以上技能水平。

（4）风险点分析及应对措施。

队伍建设：

1）风险点分析：运维人员与检修人员向运检人员转型过程中，由于承担业务拓展，可能会出现部分员工积极性不高，年龄大的员工学习第二专业技能较为吃力等情况。人员第二专业技能无法匹配运检作业需求，无法全面支撑运检监一体业务开展。

2）应对措施：实行“全科医生”队伍建设，定期开展老员工技能帮扶活动，强化第二专业技能学习与测试。

（5）做法措施固化清单。

1）三个维度夯实基础；

2）两个阶段提升技能；

3）“学考问演”促提升；

4）以比促学，以学促进。

2. 通用场景2（建设方向：职业发展通道设计）

（1）场景描述。

作为变电模式变革的“试验田”，要夯实员工的运检监一体技能基础，通过举办各类技能考核，帮助青年员工进步，重点筛选以技能为主，综合素质过硬人员，通过技术员、副班长、正班长等职业通道，加快骨干队伍建设。

（2）做法措施。

1）构建“沉得下，耐得住，起得来”青工骨干培养机制；

2）实施多岗多专业多维度考核，建立人才成长手册；

3）提任素质过关、技术过硬的运检班员为技术员、副班长、正班长等职务。

（3）取得成效。

向公司输送4名科级干部、10名基层班组长。

（4）风险点分析及应对措施。

人才吸引力度：

1）风险点分析：集控站属于生产一线，对人才吸引力度有可能不及管理线。

2）应对措施：弘扬劳模精神，加大先进评定，开展蓝领队伍建设，加大对优秀人才的奖励，如给予集控站站长五级职员待遇等。

（5）做法措施固化清单。

1）运检监一体高起步；

2）一岗多能稳提升；

3）技能鉴定出成绩；

4）班组业务挑大梁；

5）宽阔视野善管理。

※3.2.3 注意事项

中期检查的重点在党建引领、班貌班风和过程记录上，参评班组要提前做好迎检准备，创建过程中的纸质、电子文档都要妥善保管，以备查。

3.3 过程考量

市公司按月反馈市县公司卓越班组培育创建情况，场景化分析、清单式管理须符合本专业建设方向，明晰简洁。结合相关专业发展趋势和最新管理要求，总体内容操作难易适中。公司不定期抽查卓越班组创建情况。

※3.3.1 评价标准

1. 表单样表

在本阶段，表单填写主要有 2 份内容：一是卓越班组创建报告，二是卓越班组清单式管理工作表，分别如表 3-8 和表 3-9 所示。

表 3-8　卓越班组创建报告

截至 ×× 月 20 日 一、×× 单位创建情况 截至 ×× 月 ×× 日，本单位已完成市公司级卓越班组创建 × 个，分别是 ×× 班组、×× 班组…；县公司级卓越班组创建 × 个，分别是 ×× 班组、×× 班组… 本单位申报省公司卓越班组中，市公司级卓越班组 × 个，申报县公司级卓越班组 × 个…

续表

二、市公司卓越班组情况

（一）×× 班组

1. 基本情况

2. 创建建设方向

核心业务、激励机制建设情况。

3. 清单式管理成果

（200 字以内）

（二）×× 班组

三、县公司卓越班组情况

（一）×× 班组

1. 基本情况

2. 创建建设方向

核心业务、激励机制建设情况。

3. 清单式管理成果

（二）×× 班组

四、下一步计划安排

附件：

1. 卓越班组清单式管理工作表（×× 月）

2. 创建班组高清照片选 2 ~ 3 张（如下所示）

表 3-9　卓越班组清单式管理工作表

专业：		班组名称：				细分专业：		编制时间：
序号	维度	建设方向	典型场景	做法措施	预期成效	风险点分析及应对措施	固化的清单	计划推广典型案例名称
1	核心业务	用一句简明的话表述即可。如变电运检业务管控精益化	区分通用场景和个性场景，分别编号，数量不超过 10 个。通用场景占比应在 50% 以上。场景描述一般在 50 字左右	介绍核心的做法措施	尽可能用量化数据表示预期成效，不宜全部定性描述	针对做法实施过程中可能遇到的困难、风险进行预判分析，并提出应对措施	（1）将做法措施进一步提炼成特点要点清单； （2）将核心业务、核心步骤、核心操作提炼成简单易懂的操作清单； （3）将危险、风险，注意事项标明为入脑入心的提醒清单	若能形成可复制、可推广的典型案例，暂列出名称即可
		…	…	…	…	…	…	…

续表

专业：		班组名称：				细分专业：		编制时间：
序号	维度	建设方向	典型场景	做法措施	预期成效	风险点分析及应对措施	固化的清单	计划推广典型案例名称
2	数智运用	…	…	…	…	…	…	…
		…	…	…	…	…	…	…
		…	…	…	…	…	…	…
3	激励机制	…	…	…	…	…	…	…
		…	…	…	…	…	…	…
		…	…	…	…	…	…	…
4	队伍建设	…	…	…	…	…	…	…
		…	…	…	…	…	…	…
		…	…	…	…	…	…	…

注　典型场景数量原则上总体控制在10个以内。

※3.3.2 表单填写规范

下面以国网绍兴供电公司渡东集控站为例，来展示卓越班组创建报告和卓越班组清单式管理工作表的编写，请扫描右下方二维码查看详情。

※3.3.3 注意事项

（1）班组在创建过程中可结合具体情况，对清单式管理工作表不断进行补充完善。

（2）尽可能用量化数据表示清单式管理的成效。

3.4 验收评审

申报班组验收流程包括“一票否决”验审、材料审查、集中答辩三个环节（见图3-6）。验收标准包括答辩效果、班组创建管理成效、案例质量、加分项四个部分，最终得分为考评组所打出总分的算术平均分。申报班组需提前准备“公司卓越班组创建答辩书”等验收材料。

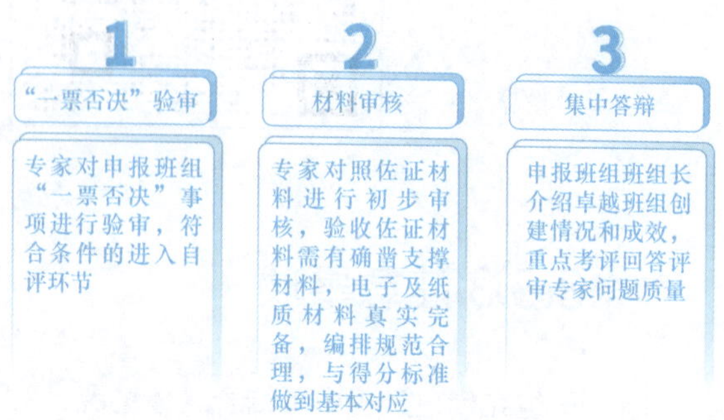

图3-6　申报班组验收流程

※3.4.1 评价标准

1. 评分标准

（1）卓越班组创建管理成效考评标准（占比50%，如表3–10所示）。

表3–10　卓越班组创建管理成效考评标准

序号	类别	分值	评分标准
1	管理方式	25	目标符合相关专业发展趋势和管理要求，运用“清单式管理、场景化分析、螺旋式提升”三个途径。抓关键，扣本质，清单安排合理、事项所列适宜清晰，总体遵循“见事、见招、见效”，整体为优的得21～25分，较优16～20分，中等11～15分，较差6～10分，差0～5分
2	过程措施	25	清晰预判实施过程中的潜在风险，采取针对性预防措施，措施科学实用，过程做法扎实可操作，针对存在具体事项，能采用务实手段与措施，有佐证材料支撑，全员参与度高。整体为优的得21～25分，较优16～20分，中等11～15分，较差6～10分，差0～5分

续表

序号	类别	分值	评分标准
3	创建成效	25	清单设定目标效果好，班组效率按期螺旋式提升，并支撑公司取得一定的经济效益、社会效益、环境效益等，总体实现预期成效，实效较为明显，整体为优的得 21 ~ 25 分，较优 16 ~ 20 分，中等 11 ~ 15 分，较差 6 ~ 10 分，差 0 ~ 5 分
4	固化提炼	25	针对专业管理存在的具体问题，能形成详实具体的解决方案，并将做法措施提炼成提升清单，即将核心业务、核心步骤、核心操作按重要性、关键性按需提炼成简单易懂的操作类清单，危险、风险、注意事项标明为入脑入心的提醒类清单，整体为优的得 21 ~ 25 分，较优 16 ~ 20 分，中等 11 ~ 15 分，较差 6 ~ 10 分，差 0 ~ 5 分

1）管理方式（分值 25 分）。各单位运用“三个途径”，就“四个关键”全过程指导申报班组，抓关键，扣本质，清单安排合理、事项所列适宜清晰，总体遵循“见事、见招、见效”。

2）过程措施（分值 25 分）。要有佐证材料支撑，班组成员全员参与整个创建过程，针对具体事项提出扎实可操作的具体措施。

3）创建成效（分值 25 分）。通过“螺旋式提升”，支撑公司取得一定的经济效益、社会效益、环境效益等，以数据、图表等方式直观体现。

4）固化提炼（分值 25 分）。分为两个类型的清单：

①操作类清单：将核心业务、核心步骤、核心操作按重要性、关键性按需提炼成简单易懂的操作类清单。

②提醒类清单：将危险、风险、注意事项标明为入脑入心的提醒类清单。

（2）卓越班组创建加分项自评表（占比 5%，如表 3–11 所示）。

表 3-11　卓越班组创建加分项自评表

序号	分类	分值	标准	自评加分	加分情况说明
1	班组集体荣誉（最高得1分）	1	近两年，班组荣获国家工人先锋号，加 0.5 分；荣获国家电网公司一流班组（工人先锋号），加 0.2 分（按就高原则）		
			近两年，班组国家级单项荣誉 0.2 分 / 个，行业级单项荣誉 0.1 分 / 个，国家电网公司级单项荣誉 0.05 分 / 个，公司级单项荣誉 0.02 分 / 个（按就高原则）		
2	班组人才情况（最高得1分）	1	近两年，班组获得省公司二级专家人数，加 0.5 分 / 人；班组获得省公司三级专家人数，加 0.2 分 / 人；班组获得省公司四级专家人数，加 0.1 分 / 人；班组获得省公司五级专家人数，加 0.05 分 / 人；班组获得省公司六级专家人数，加 0.02 分 / 人；班组获得省公司七级专家人数，加 0.01 分 / 人（同一人员按就高原则）		
			近两年，年度新增高级技师或高级专业技术资格人数，加 0.1 分 / 人；班组年度新增技师或中级专业技术资格人数，加 0.05 分 / 人（同一人员按就高原则）。		

续表

序号	分类	分值	标准	自评加分	加分情况说明
2	班组人才情况（最高得1分）	1	近两年，班组长具备下列任一条件： 全国“劳模、优秀专家人才、岗位能手、技术能手、首席技师”称号，加 0.5 分；行业级“劳模、优秀专家人才、岗位能手、技术能手、首席技师”称号，加 0.2 分；国家电网公司级“劳模、优秀专家人才、岗位能手、技术能手、首席技师”称号，加 0.1 分；省公司级“劳模、优秀专家人才、岗位能手、技术能手、首席技师”称号，加 0.05 分（按就高原则）		
3	班组主要创新成果（最高得1分）	1	近两年，作为主创班组，质量管理（QC）优秀成果入选国家电网推荐的国际比赛金奖（铂金奖），加 0.5 分 / 个成果；作为主创班组，入选中国质量协会、国家电网质量管理（QC）小组成果一等奖，加 0.4 分 / 个成果；作为主创班组，入选中国质量协会、国家电网质量管理（QC）小组成果二等奖，加 0.3 分 / 个成果；作为主创班组，入选中国质量协会、国家电网质量管理		

续表

序号	分类	分值	标准	自评加分	加分情况说明
3	班组主要创新成果（最高得1分）	1	（QC）小组成果三等奖或公司优秀 QC 成果一等奖，加 0.2 分 / 个成果；作为主创班组，荣获公司优秀 QC 成果一、二、三等奖，每个成果分别加 0.2 分、0.1 分、0.05 分（同一成果项目按就高原则）		
4	班组比武竞赛（最高得1分）	1	近两年，班组获国家电网公司（中国电力企业联合会）竞赛（专业技术比武）团体第一名、第二名、第三名，分别加 0.2、0.1、0.05 分；班组获国家电网公司调考团体第一名、第二名、第三名，分别加 0.2、0.1、0.05 分；班组获华东级专业技术比武团体前三名，分别加 0.1 分、0.05 分、0.02 分；班组获公司级专业技术比武团体前三名，分别加 0.05 分 / 人、0.02 分 / 人、0.01 分 / 人（同一项目按就高原则）		

续表

序号	分类	分值	标准	自评加分	加分情况说明
4	班组比武竞赛（最高得1分）	1	近两年，班员获国家电网公司（中国电力企业联合会）竞赛（专业技术比武）个人第一名、第二名、第三名，分别加0.2分/人、0.1分/人、0.05分/人；班员获国家电网公司调考个人第一名、第二名、第三名，分别加0.2分/人、0.1分/人、0.05分/人；班员获华东级专业技术比武个人前三名，分别加0.1分/人、0.05分/人、0.02分/人；班员获公司级专业技术比武个人前三名，分别加0.05分/人、0.02分/人、0.01分/人（同一项目、同一人员按就高原则）		
5	班组主要答辩人员（最高得1分）	1	班组长（副班组长）在当年卓越班组创建作为主要答辩人，加1分；班组长助理在当年卓越班组创建作为主要答辩人，加0.5分		

注　所有加分获奖时间须以表彰、通报发文时间为准。

（3）卓越班组创建典型案例验收考评标准（占比 10%，如表 3-12 所示）。

表 3-12　卓越班组创建典型案例验收考评标准

序号	类别	分值	评分标准
1	价值意义	10	案例价值高，针对问题为本专业相关人员公认的难点、痛点，与专业管理要求联系紧密，对其他同类班组借鉴意义大，具有代表性、广泛性，整体为优的得 9 ~ 10 分，较优 7 ~ 8 分，中等 5 ~ 6 分，较差 3 ~ 4 分，差 0 ~ 2 分
2	做法过程	30	措施科学，做法可行，过程实，具备操作性，有客观数据支撑，诊断分析立足于主观因素，整体为优的得 25 ~ 30 分，较优 19 ~ 24 分，中等 13 ~ 18 分，较差 7 ~ 12 分，差 0 ~ 6 分
3	清单情况	30	清单重点内容突出，条理清晰，结论严谨。术语、符号、计量单位等内容、格式规范，语句通顺，用词准确，无科学性、政治性错误，整体为优的得 25 ~ 30 分，较优 19 ~ 24 分，中等 13 ~ 18 分，较差 7 ~ 12 分，差 0 ~ 6 分
4	成果成效	20	改进举措在卓越班组创建当年实施后取得成效，关键指标改善有可靠数据支撑，成效显著且有螺旋式提升的趋势，整体为优的得 17 ~ 20 分，较优 13 ~ 16 分，中等 9 ~ 12 分，较差 5 ~ 8 分，差 0 ~ 4 分

续表

序号	类别	分值	评分标准
5	通用性分析	10	文字顺畅，风格朴实，无虚话套话废话，实事求是分析案例的可推广范围以及推广过程中可能带来的问题和风险，整体为优的得9～10分，较优7～8分，中等5～6分，较差3～4分，差0～2分

1）价值意义（分值10分）。典型案例的选题要具有代表性、广泛性，能够针对问题本身为本专业相关人员公认的难点、痛点提供参考，与专业管理要求联系紧密，对其他同类班组借鉴意义大，具有较高价值。

2）做法过程（分值30分）。典型案例要体现班组针对具体问题的具体做法，要求措施科学，做法可行，过程实，具备可操作性，有客观数据支撑，诊断分析立足于主观因素。

3）清单情况（分值30分）。典型案例中的清单要求重点内容突出，条理清晰，结论严谨。术语、符号、计量单位等内容要求格式规范，语句通顺，用词准确，无科学性、政治性错误。

4）成果成效（分值20分）。典型案例中的改进举措要在卓越班组创建当年实施后取得成效，关键指标改善有可靠数据支撑，成效显著且有螺旋式提升的趋势。

5）通用性分析（分值 10 分）。典型案例整体文字顺畅，风格朴实，无虚话套话废话，实事求是分析案例的可推广范围以及推广过程中可能带来的问题和风险。

2. 表单样表

在本阶段，表单填写主要有两份内容：一是卓越班组创建班组长答辩书，二是卓越班组建设典型案例，分别如表 3–13 和表 3–14 所示。

（1）卓越班组创建班组长答辩书（见表 3–13）。

表 3–13　卓越班组创建班组长答辩书

一、总体建设概况 二、四个关键简述 （一）核心业务 1. 通用场景 1（建设方向：…） 场景描述：… 做法措施：… 取得成效：… 风险点分析及应对措施：… 做法措施固化清单：…

续表

2. 通用场景 2（建设方向：…） 场景描述：… 做法措施：… 取得成效：… 风险点分析及应对措施：… 做法措施固化清单：… 数智运用 激励机制 （二）队伍建设 三、典型案例介绍 四、小结 取得的成效或体会…

（2）卓越班组建设典型案例（见表 3-14）。

表 3-14　卓越班组建设典型案例

（典型案例名称） 专业：　　　　　　　　　　班组： 单位：　　　　　　　　　　日期： 目的：解决哪方面短板、问题，提升了什么目标 [摘要] 简要概括卓越班组建设典型案例针对的实际问题、主要做法以及在本单位实施、推广应用等情况。（摘要控制在 300 字以内，全文控制在 2000 字以内） 一、背景与问题 （针对的主要问题是什么，体现意义价值，控制在 200 字以内）

续表

二、主要做法 （解决问题的核心举措，控制在1200字以内） 三、形成的清单 四、取得成效 （用量化数字展示建设成效，控制在300字以内） 五、通用性分析 实事求是分析案例的可推广范围以及推广过程中可能带来的问题和风险（控制在300字以内） 六、补充说明 附件 ×-×…

※3.4.2 表单填写规范

1. 卓越班组创建班组长答辩书编写

卓越班组创建班组长答辩书的编写是验收评审阶段非常重要的环节，分值占比达15%。卓越班组创建班组长答辩书的编写主要包括总体建设情况、四个关键简述、典型案例介绍和小结。

其中四个关键的内容框架包括通用场景（建设方向）、场景描述、做法措施、取得成效、风险点分析及应对措施、做法措施固化清单等。

典型案例介绍的内容框主要包括背景与问题、主要做法、形成清单、取得成效、统一性分析和补充说明等。

小结部分主要描述取得的成效或体会。

下面以国网绍兴供电公司渡东集控站为例，展示卓越班组创建班组长答辩书的编写规范。

公司卓越管理的精品班组创建答辩书

一、总体建设概况

国网绍兴供电公司渡东集控站以“实际、实用、实效”为要求，围绕变电专业各类业务，结合公司设备运检数字化建设，梳理出场景，挖掘班组待提升点，形成典型场景与清单。以“核心业务、数智运用、激励机制、队伍建设”四方面工作重点，积极配合开展“解剖麻雀”蹲点式研究，主动落实班组摸底情况，深挖班组管理过程中的难点痛点，并对症下药，提炼经验，固化清单。通过开展卓越管理的精品班组建设深化工作，借助场景化、清单式等管理工具，促进班组员工挖掘潜力，找出亟待优化点、发现必要减负点，严防潜在风险点，持续改进提升，最终实现“业务开展科学高效，数智运用稳步提升，激励机制管用好用，队伍建设有序推进”的良好局面。

二、四个关键简述

（一）核心业务

1.通用场景1（建设方向：运检监一体化标准体系建设）

（1）场景描述。

通过制定运检监一体化的业务流程、管理要求及班组组建等相关规章制度，确保运检监一体各项工作均规范执行、有据可循。

（2）做法措施。

1）梳理变电业务已有规章制度；

2）制定变电运检监一体管理制度。

（3）取得成效。

1）运检维护成本减少28.64%；

2）停电时间减少1/3。

（4）风险点分析及应对措施：

1）风险点分析：规章制度是运检作业的重要指导依据，目前国家电网公司针对运检监一体化作业尚未颁布专门的管理规定，地市公司需结合自身实际情况，开展运检作业，进行标准化作业全覆盖可能具有一定困难。

2）应对措施：认真梳理自身所从事业务、执行标准，配备人员，结合运检监一体典型推广方案，制定与自身情况相适应的运检监一体管理规定。

（5）做法措施固化清单。

三规范一流程：编制运检规范、宣贯制度规范、执行制度规范、闭环运检流程。

2. 通用场景 2（建设方向：变电运检业务管控精益化）

（1）场景描述。

统筹编制运维、检修、监控生产计划，发挥运检监一体优势，形成纵向覆盖年月日，横向覆盖运检监各专业的综合生产计划，通过过程管控实现闭环管理。开展基于“五纵五横”体系的综合检修项目化管理与实践。

（2）做法措施。

1）统筹分工，根据作业面安排相关专业人员；

2）建立机动应急机制，配备日常备班人员。

（3）取得成效。

1）运检作业有据可依，有章可查；

2）业务界面划分高度清晰，安全职责全面覆盖；

3）技术标准能够全面支撑运检岗位和现场业务；

4）确保无安全盲区和责任死角。

（4）风险点分析及应对措施。

安全生产承载力：

1）风险点分析：变电站数量持续增加导致人力资源紧缺，安全生产压力大等问题，同时存在生产计划与人员匹配度不高，造成职工工作过载或轻载，影响计划的刚性执行力度。

2）应对措施：开展运检监一体安全生产承载力分析，做好“以量定员”，“以能定职”，有效作业时间评估，通过计划滚动修改，保证计划刚性执行，实现人力资源有效配置，避免“超负荷、超能力、超时间”的不安全状态。

（5）做法措施固化清单。

一图三表促生产：

1）绘制阶段工作甘特图（明确工作时间

节点、内容、要求）；

2）制定次月工作计划表（班组上交，工区汇总出口）；

3）制定次周风险管控表（电网、操作、作业风险）；

4）制定次日安全交底表（工作计划表、安全交底表）。

3. 通用场景 3（建设方向：运检监一体化能力建设）

（1）场景描述。

在运检监一体的基础上，夯实监控业务，提高设备监控强度、运检管理细度，提升变电运检人员的状态感知、缺陷发现、主动预警、风险管控和应急处置能力。

（2）做法措施。

1）运检监一体化运作，通过建立运检人员、监控人员3个月轮转模式，有序推进全员运检监业务技能提升；

2）设备主人制深化执行，全面参与设备全寿命周期管理，实现班组对设备投运前、运行中、退役后全过程深度管控；

3）专家联合诊断分析，通过班组多专业人员技能优势实现设备高效研判；

4）站内应急指挥，由监控人员指挥协调运检各专业人员，实现站内设备异常事故的快速分析研判处置。

（3）取得成效。

1）贴近设备，实时掌握设备状况；

2）设备故障智能研判；

3）多专业协同作业，事故处理更高效。

（4）风险点分析及应对措施。

值班模式平衡：

1）风险点分析：监控业务由于需24h监盘，监控人员在晚上作业压力相对较大。

2）应对措施：监控业务由集控站人员定期轮岗，缓减夜晚监盘压力。

（5）做法措施固化清单。

监控汇报信号，运检判断处置，共同及时闭环。

1）异常信号梳理分析；

2）运检监一体综合判断；

3）变电现场有效处置；

4）处置结束及时闭环。

4. 通用场景 4（建设方向：运检监一体化业务流程构建）

（1）场景描述。

形成现代运检班组运检作业清单，运检监一体化单间隔消缺（检修试验）、运检监一体化综合检修（互为服务，工序有序衔接）等典型业务形成作业流程。

（2）做法措施。

1）角色转换：在运检融合作业过程中，通过作业人员工作职责的转换，实现全过程作业的创新做法。

2）流程优化：通过运维检修流程合并进行，实现作业无缝切换。

3）业务升级：通过运检人员专业能力提升，实现常规业务升级取得成效。

（3）取得成效。

1）小型作业效率提升50%；

2）大型作业效率提升21.4%；

3）存量缺陷下降80%。

（4）风险点分析及应对措施。

作业监督：

1）风险点分析：运检作业过程中，典型的运检作业由原来4人精简为2人，由两个部门的业务合并为同一部门的业务，监督方式由他人监督转变为相互监督，对相关人员自律执行力要求较高。

2）应对措施：强化人员作业风险意识，运检作业工作动态一日一交底，做好电网风险预警，加强痕迹化管理，利用高清摄像头对作业现场进行远程督导。

（5）做法措施固化清单。

操作消缺显效率，专业转换2+2，角色转换2+4。

运检人员1：操作停役人—工作负责人—操作复役人。

运检人员2：操作监护人—工作许可人—工作班成员—工作结束人—操作监护人。

1）先做停役再检修；

2）谁来许可谁来干；

3）设备验收对状态；

4）工作结束告调度；

5）角色转换复设备。

综合检修共合作，两次共同，一次核对。

修前踏勘共同进行，方案编写共同交流，设备状态一次核对。

1）运检合一同踏勘；

2）方案编写共探讨（运维与检修专业交流）；

3）同班人马简核对（同一组人）；

4）角色转换显效率；

5）操作检试不间断。

（二）数智运用

1. 通用场景 1（建设方向：智能运检）

（1）场景描述。

图像监控远程巡视，操作机器人人机协同，一二次互联智能判断。

（2）做法措施。

1）建立图像监控远程巡视机制，定期开展运检人员远程巡检机制；

2）操作机器人人机协同，提升应急抢修效率；

3）进行一二次互联智能判断，提升设备

巡视效率。

（3）取得成效。

1）主设备状态监视覆盖率达到100%，辅助设备状态监视覆盖率达到90%；

2）作业在线办理省时省力；

3）数据分析挖掘利于管控。

（4）风险点分析及应对措施。

新技术应用：

1）风险点分析：操作机器人对操作对象（如压板、控制转换开关等）的尺寸规格统一性有一定要求，无人机巡视变电站设备，由于设备密度较大，需保证与带电设备的安全距离，无人机操作难度较大。

2）应对措施：建立机器人运维管理实施细则，实现机器人在变电站的规范应用。

（5）做法措施固化清单。

1）设备巡检远程控制；

2）设备操作机器辅助；

3）设备状态智能管控。

2. 通用场景 2（建设方向：数字化运检）

（1）场景描述。

巡视维护人机协同，主辅设备全面监视，工作票移动办理。

（2）做法措施。

1）巡视维护人机协同，减轻运检人员巡视维护压力；

2）开展主辅设备全面监视，全面掌控设备状况；

3）工作票移动办理，提升工作票在线办理效率。

（3）取得成效。

1）数字工作票在线办理覆盖率达50%；

2）设备巡视维护效率提升20%。

（4）风险点分析及应对措施。

新技术应用：

1）风险点分析：智能巡检机器人由于“点对点”的巡视模式，存在变电设备巡视死区，对设备无法很好地进行全面监视。

2）应对措施：与科研单位、生产厂商开展协同合作，积极总结与反馈机器人应用过程中存在的问题，进行相应改进。

（5）做法措施固化清单。

1）巡视维护机器辅助；

2）设备监视双管齐下；

3）工作任务在线办理。

（三）激励机制

1. 通用场景 1（建设方向：以安全为导向的动态分配）

（1）场景描述。

制定基于人岗适配的安全生产奖惩实施细则，设立包括工作票奖、操作票奖、安全隐患发现奖等安全风险奖，细化积分规则，针对安全事故及违章进行处罚，实现安全生产奖励的动态分配。

（2）做法措施。

1）加强和规范班组安全管理工作，健全安全激励约束机制，落实各级人员安全责任，严格执行事故责任追究和考核，制定《基于人岗适配的安全生产奖惩管理办法》；

2）利用积分制度，量化个人安全生产业绩。

（3）取得成效。

1）以考核手段杜绝违章事故发生；

2）以奖励手段促进安全责任长效落实；

3）消除“大锅饭”弊端，做到按劳分配。

（4）风险点分析及应对措施。

人员稳定：

1）风险点分析：在运检监一体模式下，相比传统单专业作业模式，技能要求更高，工作强度更大，人员可能会出现抵触心理，易出现人员工作态度消极，萌生转职业岗位，年轻员工甚至会辞职考研等想法。

2）应对措施：除设立专项奖励外，进行人员一对一谈心谈话，深入了解职工真实想法与存在难处（如家庭照顾，技能学习等），切实帮助员工克服畏难心理，让员工无后顾之忧。

（5）做法措施固化清单。

1）以绩促能，动态分配；

2）量化考核，按劳分配。

2. 通用场景 2（建设方向：以一岗多能为基础的专项激励）

（1）场景描述。

运检监一体通过人员一岗多能实现了“减

员不减质”，公司层面出台专项激励政策，设立运检专项奖金，制定相关专项奖金管理办法，以运检监一体工作量进行专项激励。

（2）做法措施。

1）设置运检融合专项奖金，鼓励员工全面参与运检融合工作；

2）利用积分制度，量化个人运检监一体生产业绩。

（3）取得成效。

1）通过正向激励引导员工积极投身运检监一体工作；

2）以多劳多得促进员工多专多能。

（4）风险点分析及应对措施。

奖金分配：

1）风险点分析：在运检监一体作业过程中，由于不同专业本身的工作性质，可能会导致不同专业人员获得的运检融合积分量差异程度较大。

2）应对措施：综合考虑工作量以及拓展完善运检监一体作业的定义，如运检作业不仅限于同一次任务，同一天既从事运维又从事检修也可被认定运检监一体。

（5）做法措施固化清单。

1）正向激励，增设专项奖励；

2）推优倾斜，增加优秀名额。

（四）队伍建设

1. 通用场景1（建设方向：个性化多途径人才培养）

（1）场景描述。

针对员工的实际情况进行培养，根据员工的身份（运维专业、检修专业、新员工）、技能水平等制定不同的培训计划，开展专业技能培训、鉴定。

（2）做法措施。

1）构建员工岗位成才目标管理体系，建立员工技能提升时间维度和分级目标要求；

2）建立包括业务能力鉴定（理论+实操）和工作态度鉴定的分专业1~5级技能鉴定机制；

3）建立师徒联动、班组统筹的员工技能发展考核评价机制；

4）通过“三个维度，两个阶段”有序开

展各类线上线下技能培训；

5）每季度开展第二专业技能测试，持续巩固运检融合技能提升。

（3）取得成效。

1）培养“能多干，肯多干，干得好”的“运检监”复合型人才；

2）实现员工一岗多能，培养具备运检双专业资质人员41人、具备运检监三专业资质人员12人；

3）助力班组减员增效；

4）通过培训，实现50%的人员达到二级及以上技能水平。

（4）风险点分析及应对措施。

队伍建设：

1）风险点分析：运维人员与检修人员向运检人员转型过程中，由于承担业务拓展，可能会出现部分员工积极性不高，年龄大的员工学习第二专业技能较为吃力。人员第二专业技能无法匹配运检作业需求，无法全面支撑运检监一体业务开展。

2）应对措施：实行“全科医生”队伍建

设，定期开展老员工技能帮扶活动，强化第二专业技能学习与测试。

（5）做法措施固化清单。

1）三个维度夯实基础；

2）两个阶段提升技能；

3）“学考问演”促提升；

4）以比促学，以学促进。

2. 通用场景2（建设方向：职业发展通道设计）

（1）场景描述。

作为变电模式变革的“试验田”，要夯实员工的运检监一体技能基础，通过举办各类技能考核，帮助青年员工进步，重点筛选以技能为主，综合素质过硬人员，通过技术员、副班长、正班长等职业通道，加快骨干队伍建设。

（2）做法措施。

1）构建“沉得下，耐得住，起得来”青工骨干培养机制；

2）实施多岗多专业多维度考核，建立人才成长手册；

3）提任素质过关、技术过硬的运检班员

为技术员、副班长、正班长等职务。

（3）取得成效。

向公司输送4名科级干部、10名基层班组长。

（4）风险点分析及应对措施。

人才吸引力度：

1）风险点分析：集控站属于生产一线，对人才吸引力度有可能不及管理线。

2）应对措施：弘扬劳模精神，加大先进评定，开展蓝领队伍建设，加大对优秀人才的奖励，如给予集控站站长五级职员待遇等。

（5）做法措施固化清单。

1）运检监一体高起步；

2）一岗多能稳提升；

3）技能鉴定出成绩；

4）班组业务挑大梁；

5）宽阔视野善管理。

三、典型案例介绍

（一）典型案例：推动运检监一体融合，唤醒设备主人潜力

1. 背景与问题

近年来，随着电网规模的不断扩大和新技

术的不断应用，传统的变电运维检修模式面临新的挑战。一是变电站数量增加和人员配置矛盾日益突出，运检生产存在结构性缺员。二是传统运维和检修工作流程制约了运检效率的进一步提高。变电运维、检修两大部门在工作过程中按序交接、循序等待、连贯性差等因素，造成时间、人员、车辆等资源的浪费。为破解发展瓶颈，国网绍兴供电公司探索实践了运检监一体化模式，深化实施了基于运检监一体的设备主人制，以推动运检业务的转型升级。

2. 主要做法

（1）做深项目前期管控。

运检人员始终作为投运前设备质量的责任主体，深度介入设备可研初设评审、设备投运前验收，在驻厂监造验收、到货验收、隐蔽工程验收、中间验收、竣工（预）验收等环节，从多专业角度检视设备选型、设备质量、安装方式，提前发现问题，督促相关单位完成问题整改，确保新建、改扩建工程中设备零缺陷投运，真正做到设备管理“事事有人负责、事事有人监督、事事有人闭环”。

（2）做强设备状态管控。

相比于单一专业的运维人员，运检人员实现了责任主体和专业能力的有机统一，以多专业的视角，构建完善的一站一库。运检人员可根据设备运行年限、上次检修情况、设备历次发生的缺陷、存在隐患、运行过程中存在的薄弱点、未落实反措、公司专业管理新要求等信息，全方位、多专业开展设备状态评价，根据状态评价结果，实施精准运维和检修，设备状态管控更精准，运检标准执行更到位。

（3）做优生产计划编制。

运检监一体化模式下制定的生产计划，涵盖值班工作、巡视维护、运维操作、检修试验、反措消缺等全业务的运检周计划和日计划，覆盖面更广。同时，运检人员根据“一站一库”数据，由状态评价得出检修策略，主动申报检修计划，对设备问题采取针对性整治措施，主动性更强。根据班组运检人员承载力情况，兼顾员工正常休假需求，平衡完善生产计划，确保生产计划刚性执行、人员工时安排合理，更有利于运维检修策略精准实施。

（4）做细检修过程管控。

运检监一体模式下，可合并检修工程冗余环节，减少了运维检修两专业重复踏勘、重复方案编制、重复评估等工作，通过“角色转换”，减少各业务流程环节间的交接和等待提高检修效率。同时，运检人员利用专业技能严格履行安全技术监管职责，专业化监管检修作业的安全、质量和进度，确保检修工程保质保量完成。

（5）做实专业巡视和操作消缺。

运检人员可将巡视作业升级为专业化巡视。在巡视过程中，发现变电站内设备和设施存在缺陷或者异常时，不同于传统模式只记录上报，而是根据现场实际情况进行研判，采取不同措施，消除缺陷或防止缺陷扩大，后续及时安排处理、分析、预警。运检监一体化模式下的操作，当遇到异常而无法继续操作时，运检人员可根据现场设备异常情况，及时诊断处置，确保操作任务的连续性。

3. 形成的清单

详见卓越班组清单式管理工作表：核心

业务。

4. 取得成效

运检监一体化实现了运检人员技能的进步、运检流程的优化和效率效益的提升，为实现“设备主人+全科医生”生产模式提供了有效途径。据统计，运检监一体班组所辖设备缺陷较传统运维班组下降67%，有效提升了设备健康水平。同时，运检工作效益也有显著提升，消缺工作效率最高提升50%，综合检修工作效率提升21.4%，单间隔检修试验工作效率提升22.2%。

5. 通用性分析

运检监一体化模式目前已在绍兴地区推广，并逐步向全省乃至全国推广，本案例代表的运检监一体设备主人制具有较好的通用性。然而，目前国家电网公司针对运检监一体化作业尚未颁布专门的管理规定，地市公司需结合自身实际情况，认真梳理自身所从事业务、执行标准，配备人员，结合运检监一体典型推广方案，制定与自身情况相适应的运检监一体管理规定。

（二）典型案例：运检监一体化模式下的绩效评价体系建设

1. 背景与问题

为落实国家电网公司现代设备管理体系要求，国网绍兴供电公司从2007年开始，以城区运检班建设为试点，探索了变电运维检修融合的生产模式——运检监一体化，目前已形成了成熟的运检监一体化模式。在该模式下，运检人员同时具备运维和检修的双重资质和技能，通过运检工作中流程的优化，提高了运检生产效率效益，提升了变电设备安全质量水平。

在实践中发现，原有的绩效评价体系，在运检监一体化模式下有一定的不适应性，主要表现为：

1）运检监一体化班组（以下简称“运检班”）的整体和个人绩效评估无先例可循，评价较为困难。

2）运检监一体化员工的技能要求和工作强度都有所增加，在目前执行的绩效体系下，员工的工作积极性需进一步调动。

国网绍兴供电公司根据运检监一体工作特

点，分班组和个人两个层面，对运检监一体绩效评价体系进行了重构。

2. 主要做法

（1）运检监一体班组绩效评价。

构建以“班组标准化建设”和“大型运检工程绩效”为基础的班组绩效评价体系。一是优化班组标准化建设对标评价机制。将评价指标分为共性指标和个性指标，共性指标是从班组基础建设、安全生产、技能建设、文化建设等方面提炼的同质属性指标，个性指标是不同类型班组的特色核心指标，运检班纳入了传统运维和检修班组的相关指标。将各类班组的个性指标得分，除以本类型班组的平均分进行标幺化，再结合共性指标进行绩效考评。二是按工程类型、难易程度、完成数量和质量来衡量运检工程绩效。以工程规模大小和电压等级来区分难易程度，每项工程运维和检修分别设定一定分值。安全完成一项工程，传统运维和检修班组分别获取运维和检修分值，运检班则获取运维和检修分值之和。通过以上两项绩效评价，实现了运检班与传统运维检修班组之间的可比性。

(2) 运检监一体个人绩效评价。

构建基于“人岗适配”的安全保障机制。一是建立了运检各专业安全技能等级标准和鉴定机制。由易到难建立一至五级的安全技能等级标准，每年开展技能等级鉴定，通过后赋予员工相应的安全技能等级资格。二是建立了与安全技能等级相匹配的标准化分级工作库。根据业务难度、作业风险等级不同，对业务进行了一至五级的分级分类，规定具备相应等级资质的人员才可负责相应等级的工作。三是建立了与工作难度、工作强度向匹配的安全激励机制。给不同难度的工作、工作中的不同角色赋予不同的分值，对员工的工作难度和工作量进行量化积分，并将员工积分与月度安全奖金直接挂钩。

建立运检监一体专项奖金激励机制。将运检监一体专项奖金增加到运检人员薪酬总额中，根据绩效进行二次分配，用于激励运检融合类工作。创新采用“积分同价”的办法进行计分，以两票统计为抓手，按工作的运检融合度、工作量、工作难度等维度进行计分，从而量化评估业绩。调整后的绩效机制产生的奖金分配额度如实、公正地反映员工的运检监一体化贡献度。

3. 形成的清单

详见卓越班组清单式管理工作表：激励机制。

4. 取得成效

在实施基于人岗适配的绩效评价体系后，人员从事运检监一体工作的积极性显著提升，班组生产效率进一步提高，促进班组各项指标螺旋式上升。人员技能水平稳中有升，差异化的奖金分配消除了吃“大锅饭”的弊端，促进人员工作积极性的提升。以2021年渡东集控站为例，渡东集控站在运检业务的基础上，吸收监控业务，人员三重资质率从31%提升至82%，高级技师人数增加3名，运检融合工作量提升35%，缺陷存量下降29%，进一步实现降本增效。

5. 通用性分析

运检监一体化模式目前已在绍兴地区推广，浙江省内乃至全国不少地市公司都在尝试这一模式，运检监一体具有广阔的应用前景，本案例代表的绩效评价体系具有较好的通用性。在运检监一体作业过程中，由于不同专业工作性质差异，可能会导致不同专业人员获得的运检积分量差异程度较大，计分规则需根据实际情况不断完善。

（三）典型案例：基于“五纵五横”体系的运检监一体综合检修项目化管控

1. 背景与问题

变电设备检修目前普遍采用综合检修模式，它是由检修计划领衔，在变电站（设备）状态评价的基础上，整合不同业务停电需求，开展联合集中停电检修的生产组织模式，是一种系统化的检修工程模式。系统化的工程模式需要系统管理模式，传统的工程管理模式以经验为主，工程各环节的标准及参考不够细致。因此，引入经典项目管理的思路和做法，结合综合检修工程实际特点，探索出一种既实用又高效的管理方式，推动综合检修工程管理的标准化和系统化，提升综合检修项目的安全质量水平和整体项目效益，就显得十分必要了。

2. 主要做法

综合检修项目化管理包括启动、规划、执行、监控和收尾五个基本过程，涵盖项目进度管理、成本管理、质量管理、人力资源管理、风险管理等管理工作。

（1）制定综合检修标准化实施流程。

精细分解项目过程，将综合检修纳入项目管理的五大过程组（启动、规划、执行、监控、收尾）及47个子过程的框架体系内，结合业务特色，将综合检修的实施流程由47个子过程精简为20个。综合检修项目启动、规划、执行和收尾四个过程组先后依次执行，监控过程组贯穿项目全周期。20个子过程涵盖了年度检修计划申报、项目协调、现场踏勘、检修方案编审、检修实施、检修总结等全流程业务，推进项目范围、项目需求、项目进度等要素的明确，开展人财物等项目资源的筹备，为检修项目的实施提供了总纲式指导。

（2）全面规范各过程工作标准。

一是明确项目各过程的时间节点和责任人员。以项目开工实施为时间原点，倒排前序各过程的时间要求，落实相关责任主体和配合主体。二是明确项目各过程的工作要求和监管要求。详细规定各过程的具体工作内容和所要达到的安全质量标准，为各过程工作提供了操作指南。三是明确项目各过程的参考资料和归档资料。提供各过程执行中常用的规章制度和技术标准参考，促使工作开展合理合规；规定各过程执行后须保留的各类材料，规范综合检修项目归档工作。

（3）围绕五大项目管理维度齐抓共管。

为实现项目进度、安全、质量、人员、成本等要素的有效管控，以相关机制建设完善为抓手，严格落实、闭环管理，推动综合检修项目的精益化管理。一是合理安排及推进综合检修。规定项目各过程时间节点，制定施工进度控制保障措施，推动计划刚性执行，确保项目进度。二是全面落实安全预控措施。开展安全承载力分析，实施检修全过程的安全督察，制定并完善安全防范措施，有效控制项目风险。三是严格把关质量影响因素。通过“人岗适配”机制管控人员专业技能，实施标准化作业全覆盖，严格把控工器具和材料质量，确保项目质量达标。四是统筹安排人力资源。组建综合检修项目部，根据工作任务动态调整人员安排，实行以人岗适配为基础的安全绩效奖励，推动人力资源效益最优化。五是精细管控人机物各要素。合理利用外部检修力量，严格管控材料和工机具使用，压降项目整体成本。

3. 形成的清单

详见卓越班组清单式管理工作表：核心业务。

4. 取得成效

（1）提升设备安全健康水平。

项目化的综合检修管理模式，实现了综合检修的标准化管理，实现了进度、安全、质量、人员和成本的全方位管控，设备检修质量得到显著提升。项目化综合检修管理模式实施以来，在运设备非计划性停电和抢修工作减少32%，设备需执行的隐患及反措数量也较传统模式下降41%。

（2）提升综合检修项目效益。

项目化的管理模式实现了规模化、集中化的停电检修，降低了重估停电率，有利于人力、物资、车辆等检修资源的合理配置和利用，有利于开展人财物资源的统筹利用。开展量化分析检修实施的人机物成本，有利于实现检修成本的精细化管控。

5. 通用性分析

综合检修是目前变电设备检修最为常用的模式，在国家电网系统内均有涉及。本案例阐述的“五纵五横”项目化综合检修模式，为综合检修的标准化和精益化实施提供了操作指南，具有较大的参考意义。

四、小结

渡东集控站围绕“核心业务、数智运用、激励机制、队伍建设”四方面工作重点，开展卓越管理的精品班组创建。以核心业务为基础导向，深度践行“运检合一”作业模式，并在运检监一体的基础上，融合监控业务，将业务拓展至“运检监一体化”，充分发挥设备主人作用，深度参与设备全寿命周期管理工作，进行安全生产承载力分析，实现人员高效作业，设备精益管理。以数智运用为技术拓展，积极引进智能装置与先进技术，推进数字化班组建设。依托智能移动终端，引入智能机器人，实现业务在线化、作业移动化、信息透明化、支撑智能化。以激励机制为促进手段，制定基于人岗适配的安全生产奖惩实施细则，实现安全生产奖励的动态分配，促进安全生产长效落实。设立以一岗多能为基础的专项激励，充分调动人员积极性，发挥“一岗多能”专业优势，助力运检工作提质增效。以队伍建设为育才路径，以培育一岗多能的“全科医生”为目标，定期开展技能鉴定，夯实人员专业基础，开展蓝领队伍建设，加大对优秀人才的奖励，畅通人才上升通道。

通过卓越管理的精品班组建设，渡东集控站进一步厘清班组存在的痛点难点，并以各个作业场景为载体，形成固化清单，有利于班组好经验、好做法的传播推广。同时，在发现问题—解决问题的过程中，不断改进不足，完善短板，实现螺旋式的提升。

2. 卓越班组建设典型案例编写

卓越班组建设典型案例编写的框架主要包括背景与问题、主要做法、形成清单、取得成效、统一性分析和补充说明等。

下面以国网杭州市萧山区供电公司钱江供电所和国网绍兴供电公司渡东集控站为例，展示卓越班组建设典型案例的编写规范。

案例 1：基于数智赋能的供电所物资管理

专业：营销专业　　　班组：钱江供电所

单位：国网杭州市萧山区供电公司

日期：2021年11月

目的：解决钱江供电所库存物资储备不及时、物资领用过程不智能、废旧物资闭环不规范等问题，提升物资管理的数字化、智慧化和精益化管理水平。

[摘要]钱江供电所身处杭州市拥江发展前沿和亚运保电核心区域，电网改造任务繁重，故障抢修及时性要求高，这对供电所物资管理

提出了更高的要求。钱江供电所从“专业协同、数智赋能”思路出发，基于现状和需求，建立“一所二站仓”，梳理形成一张要点清单（物资全流程管控清单），三张操作清单（智慧仓领用流程检查清单、备品备件出入库清单、物资回收管理清单），解决供电所物资管理的“痛点”“盲点”，提升物资管理的数字化、智慧化和精益化管理水平。

一、背景与问题

一是库存物资储备不及时：传统的物资管理是根据物资消耗量定期进行补库，部分关键物资因到货周期长经常出现储备不足的情况。同时，传统物资管理没有对长库龄物资进行预警，容易造成长库龄物资积压和仓库空间资源浪费。

二是物资领用过程不智能：传统的物资管理，工作人员在物资领用过程中无法快速定位物资存放位置，耗时较长。遇到抢修等紧急情况时，容易忙中出错，出现错拿、漏拿的情况，间接影响抢修时效性。

三是废旧物资闭环不规范：不同专业之

间对于废旧物资回收的归属管控界限定义不清晰，回收存在一定的浪费和监管缺失。

二、主要做法

钱江供电所从“专业协同、数智赋能”思路出发，通过实现库存全域管控，物资智慧出库、物资全流程闭环管理等实践应用，提速增效供电所电力服务最后“一公里”。

（一）物资全域管控

第一步：打通物资领用系统壁垒。将数控平台中的“供应计划”和“废旧物资”模块与PMS系统里的“工程设计”模块全面导通，供应需求数据可在PMS系统上自动获取，同时自动形成物资需求清单，大大减少了人工上报物资计划的频次。

第二步：实现专业物资协同管理。对原有库存物资进行全面整理排查，及时增补缺货物资，同时将后勤、信息通信等物资统一纳入物资智慧管控，在供电所范围内实现各专业物资的协同管理。

第三步：实现仓储库存自动补库提醒。通过对物资库存数量、物资领料计划及到货周期的综合研判，自动触发补库预警和补库流程。同时合理控制物资仓库存储数量，减少物资积压浪费。

（二）物资智慧出库

第四步：严格执行预约领料模式。设计预约领料模式，从计划源头开始介入，利用领料机器人预判，实现预约物料的提前取备。

第五步：开发智能领用引导系统。对物资仓库进行改造，利用机器人声、光感知等设备辅助引导，领用人可快速在仓库中上定位物资的位置，同时在电子屏上显示领用数量，避免错拿、漏拿等情况出现。

第六步：开展物资无感领用。采用货架重力感应装置与视频识别，感知物资领用的数量和类别，确认领用完成后，系统后台实现自动记账，确保库内物资账卡物100%一致。形成“无形监控，无感领用”新模式。

（三）物资规范闭环

第七步：进行物资全生命周期管理。科学制定应急物资储备类别和定额，丰富储备品类，建立动态周转机制，合理保持和控制库存。针对库内过保的物资、安全工器具等，建立安全性管控机制，自动预警维护、检测时间，强制自动闭锁超期物资与未检工器具。

第八步：结余物资系统分类登记。要求退库物资与原领料物资一致、完好且资料齐全。可跨项目使用的结余物资，可选用现场直接利库方式，但需及时办理系统退库、领用手续，做好物资与工程相对应的记录工作。

第九步：现场废旧物资回收及报废。针对现场已拆除物资，要办理技术鉴定及报废审批，资产拆除后2个月内完成报废手续办理。

三、形成的清单

1. 物资全流程管控清单（要点清单）

序号	关键领域	具体做法清单
1	库存全域管控	打通物资领用系统壁垒
2		物资协同管理
3		仓储库存自动补库提醒
4	物资智慧出库	严格执行预约领料模式
5		开发智能领用引导系统
6		开展物资无感领用

续表

序号	关键领域	具体做法清单
7	物资规范闭环	物资全生命周期管理
8		结余物资系统分类登记
9		现场废旧物资回收及报废

2. 在物资全流程管控实践中，整理出三张操作清单

（1）智慧仓领用流程检查清单。

智慧仓领用流程检查清单		
日期： 领用人：		
步骤	智慧仓领用流程	是否完成（确认）
1	“人脸识别”方式进入	
2	主持电脑柜“扫码器”位置扫描“领料单条行码”（电脑端生成打印）	
3	“领料单信息”在主控电脑屏幕显示	
4	根据“红色指示灯”提示快速找到物资存放位置	
5	领用人核对是否和要领用的一致	
6	完成物资领取	
7	在电脑上点击“操作完成，关闭库门”按钮	
8	完成自动记账和出库	

（2）备品备件出入库清单。

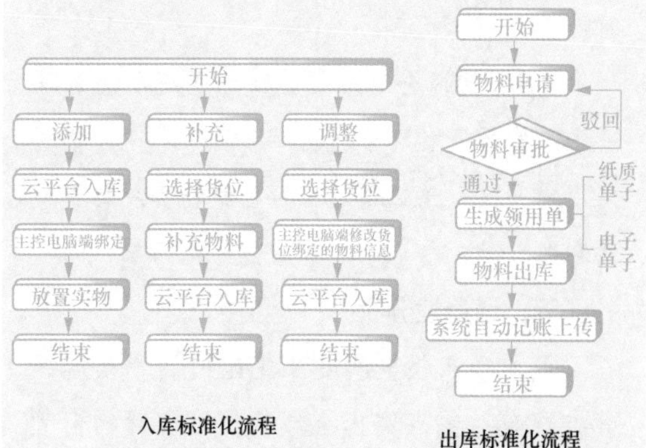

入库标准化流程　　出库标准化流程

（3）物资回收管理清单。

四、取得成效

（1）物资储备不及时而导致缺货的次数下降75%。员工出现错拿、漏拿、多拿等情况明显减少。

（2）在物资领料环节的耗时由原先的13min下降到3.7min，大大提高了故障抢修的及时性。

（3）物资全生命管控赋予了透明化管理理念，实现了各环节运行“一目了然”，物资使用去向“一清二楚”，可杜绝物资流转环节的腐败滋生。

五、通用性分析

目前钱江供电所建立规范的物资全流程管控规范，重点突出全域管控可实现物资管理“扁平化”，对物资责任划分归属起到推动作用。同时通过出入库流程清单抛弃多本、多类记账的繁琐流程，实现物资出入库“一本账”，前期投入成本低，有较大的推广价值。

推广中可能带来的问题和风险：

（1）在抢修过程中可能会遇到临时需要提供备品物资，未来考虑建立“车载通用物资仓”，可有效解决此类问题出现。

（2）线上申请审批实现物资领用的数字化操作，一些年龄偏大的员工对新业务的接受程度有待验证。

案例2：运检融合背景下的“操作+检修”工作模式探索

专业：变电运检　　班组：渡东集控站

单位：国网绍兴供电公司 日期：2021年11月

目的：解决运维、检修两专业在配合开展工作时因交接等待等因素造成的效率低下问题，通过运维和检修专业的融合，提升“运维操作+设备检修”的工作效率。

[摘要]随着电网规模的不断扩大和精益化管理要求的不断提升，变电运检一线人员面临结构性缺员。国网绍兴供电公司将运维和检修专业融合，探索实践了运检监一体化模式，来缓解人员紧张矛盾。本案例中以典型的“运维操作+设备检修”工作模式为例，梳理了运检监一体化业务实施中的关键点，在保障安全的基础上，提升运检工作效率。

一、背景与问题

近年来，随着电网规模的不断扩大和新技术的不断应用，传统的变电运维检修模式面临新的挑战。一是变电站数量增加和人员配置矛盾日益突出。以国网绍兴供电公司为例，仅十年来电网规模翻倍有余，而从事运检生产工作的人几乎保持不变，变电运检生产存在结构性缺员。二是传统运维和检修工作流程制约了运检效率的进一步提高。变电运维、检修专业人员需严格按流程执行，先运维操作、许可工作，然后开始检修，最后运维验收并复役，因此常常存在相互等待的情况，工作连贯性差。检修工作开展过程中，也常需要运维人员进行配合，一项运检工作往往牵涉运维和检修两组人，有效工作时间有待提升。

二、主要做法

为破解发展矛盾，国网绍兴供电公司率先探索了融合变电运维和检修两大专业的运检监一体化模式。建立运检监一体化规章制度，保障运检监一体工作合规推进；培养运检监一体化人才，奠定运检监一体业务开展基础；完善运检监一体化作业流程，实现运检监一体模式的真正落地。本案例以运检工作中最典型的“运维操作+设备检修”为例，梳理了6项重点工作清单，以点带面阐述运检监一体化主要做法。

（1）申请设备停役，签发工作票。若需停役调度管辖设备，停役申请由运检班书面报调度，调度批准后返回运检班，签发工作票。若需停役自调设备，则无需停役申请，但应至少提前一天签发工作票。

（2）填写操作票并审核通过，运检人员角色身份为“运+运”，执行设备停役操作。若为调度管辖设备，调度将设备停役操作预令下发至运检班，运检班接收预令后填写操作票，并审核正确；两名运检班人员在变电站现场接收调度正令进行操作，此时两人的身份均为运维人员，操作完毕后汇报调度，并接收调度的工作许可。若为自调设备，则只需当值人员许可即可。

（3）运检人员角色转换成“运+检”，执行工作票许可。得到调度或运检班当值人员的工作许可后，由运检操作人按工作票的要求做好安全措施，运检操作监护人检查安全措施正确、完备。运检操作人员（运维）角色转换为工作负责人（检修），运检操作监护人员（运维）角色转换为工作许可人（运维），按标准的工作许可流程进行工作票许可。

（4）运检人员角色转换成“检+检”，一起开展检修工作。工作票许可后，工作许可人角色转换为工作班成员（检修），会同工作负责人（检修）开展消缺等设备检修工作。设备检修过程中若需工作许可人配合办理相关手续，进行相应的角色转换，工作班成员转换成运维角色进行办理，不再另行安排运检人员来配合。

（5）运检人员角色转换成“运+检”，协同开展修后验收和工作票结束。工作结束，运检人员自验收通过后，工作班成员角色（检修）转换为工作许可人（运维），会同工作负责人结束工作票。

（6）运检人员角色转换成“运+运”，执行设备复役操作。工作票结束后，工作负责人角色转换回运检操作人（运维），工作许可人角色转换回运检操作监护人（运维），恢复安措。状态核对无误后，执行复役操作。若为调度管辖设备，运检操作监护人向调度汇报工作完毕，接收调度复役操作正令后，运检操作人和监护人进行复役操作，操作完毕后汇报调度。若为自调设备，汇报当值人员即可。

三、形成的清单（操作清单）

运检监一体模式下“运维操作+设备检修”业务执行清单	
1	申请设备停役，签发工作票
2	填写操作票并审核通过，运检人员角色身份为“运+运”，执行设备停役操作
3	运检人员角色转换成“运+检”，执行工作票许可
4	运检人员角色转换成“检+检”，一起开展检修工作
5	运检人员角色转换成“运+检”，协同开展修后验收和工作票结束
6	运检人员角色转换成“运+运”，执行设备复役操作

注　“运”代表运维角色，“检”代表检修角色。

四、取得成效

运检监一体化实现了运检人员技能的进步、运检流程的优化和效率效益的提升。据统计，运检监一体班组所辖设备缺陷较传统运维班组下降67%，有效提升了设备健康水平；对于单间隔事故应急处置，运检监一体模式下的设备平均停电时间减少约1/3，供电可靠性显著提高；运检班所属同等规模变电站比常规运维班平均维护成本减少28.64%。

传统模式下，单间隔运检工作需要4名工作人员（2名运维人员、2名检修人员）和2辆车，而在运检模式下，仅需2名运检人员和1辆车，由此实现的效率提升50%。其他运检工作效益也有不同程度提升，综合检修工作效率提升21.4%，单间隔检修试验工作效率提升22.2%。

五、通用性分析

运检监一体化模式目前已在绍兴地区推广，并逐步向全省乃至全国推广，本案例代表的运检监一体工作流程具有较好的通用性。本案例的优势在于，给尝试运检监一体化模式的单位提供了可借鉴的实践经验。

然而，目前国家电网公司针对运检监一体化作业尚未颁布专门的管理规定，地市公司需结合自身实际情况，认真梳理自身所从事业务、执行标准，配备人员，结合运检监一体典型推广方案，制定与自身情况相适应的运检监一体管理规定。

六、补充说明

常规模式下和运检监一体模式下运检工作的流程对比：

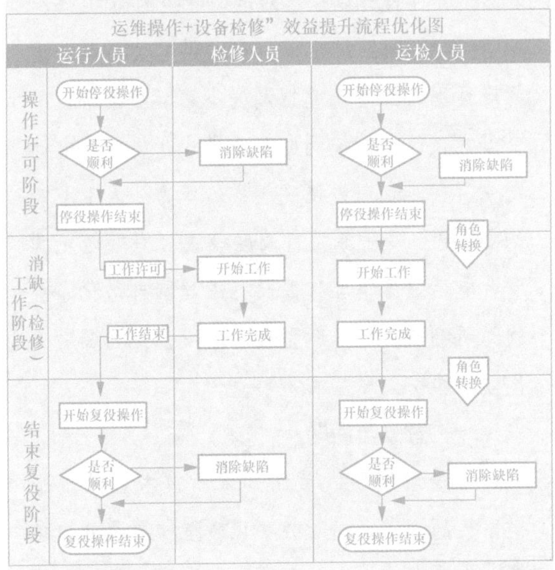

案例3：基于"人工智能+网络化"的配网调控新模式

专业：调控运行　班组：调控运行班

单位：国网杭州市余杭区供电公司

日期：2021年11月

目的：通过“人工智能+网络化”的下令及故障处理模式，大幅提升调控工作效率，有效解决调控业务拥堵问题，减少调控员简单重复的工作，提升调控员对电网管控的能力。

[摘要]国网杭州市余杭区供电公司调控运行班运用人工智能虚拟调度座席以及网络化下令方式，改变传统调度业务模式，将传统电话发令、点对点单线调度模式转变为“人工智能+网络化”多任务并行调度模式，有效避免调度台电话拥堵情况，以及利用配网自动化系统故障研判及复电等新型技术手段，提升调度工作效率和安全管控水平。

一、背景与问题

一是对调度人员新知识新技术掌握水平提出更高要求。随着数字化转型和新型电力系统建设要求的提出，新一代电力系统融合了传感、通信、计算机等多种关键技术，涉及的信息化系统越来越多，电网调度人员需要掌握与之对应的新知识新技术才能顺利推进配网调度工作。

二是在复杂的电网结构下调度人员调度决

策难度更大。当前电网复杂程度日益剧增，在电力调度控制过程中，调度员远程通过人机交互，对电网实时状态进行认知决策，人因风险对电力系统安全运行的影响重大，单纯依赖人的主观能动性已无法达到电网调度工作的安全要求。

三是配网生产调度业务“枢纽拥堵”影响供电服务效率。生产调度任务存在大量简单重复串行的机械流程，造成配网生产调度业务“枢纽拥堵”效应，随着供电可靠性要求不断提高，停电时户数管控进一步收紧，必须加快转型升级步伐，创新调度业务模式，不断提升电网运营效益和安全水平。

二、主要做法

（一）智能升级，构建“人工智能+网络化”调度业务模式

1.基于人工智能调度座席，推进标准化作业智慧管理

通过将调度规程等材料融入人工智能平台，并针对电力行业特定术语、设备名称、进行专项机器语音识别训练，使人工智能可以与

现场工作人员精准沟通、规范执行并精准下达指令，从源头上减少或消除人为决策风险。目前，人工智能虚拟调度座席在余杭公司的语音识别准确度超过95%。

2. 基于“调控云”平台，打造余杭“网络化下令”环境

“网络化下令”功能是“调控云”平台的一项重要调控业务应用，集操作票开票、审核、预令、正令功能于一体。通过网络直接将调度操作命令发送至变电站后台或运维人员手持终端，受令人同样在平台上进行接收、复诵、汇报操作命令。避免了电话调度点对点、占线、等待等弊端，提升调度业务整体效率。

余杭调控运行班为“网络化下令”顺利开展创造必要条件。一是完善外部条件。排查各变电站网络化下令硬件条件，不满足条件的变电站增配内网电脑、音箱，统一开通访问“调控云”权限，保障主网网络化下令具备上线运行条件。二是实现网络化下令环境。通过WEB方式访问SAAS应用“浙江调度停电智能管控平台”，根据“停电管控”模块规则，修订余杭调度操作票拟票规则以适应网络化下令，维护厂站、班组、人员信息，赋予相应权限，保障发令过程中相应流程顺利通过。

（二）流程再造，提高“人工智能+网络化”核心业务效率

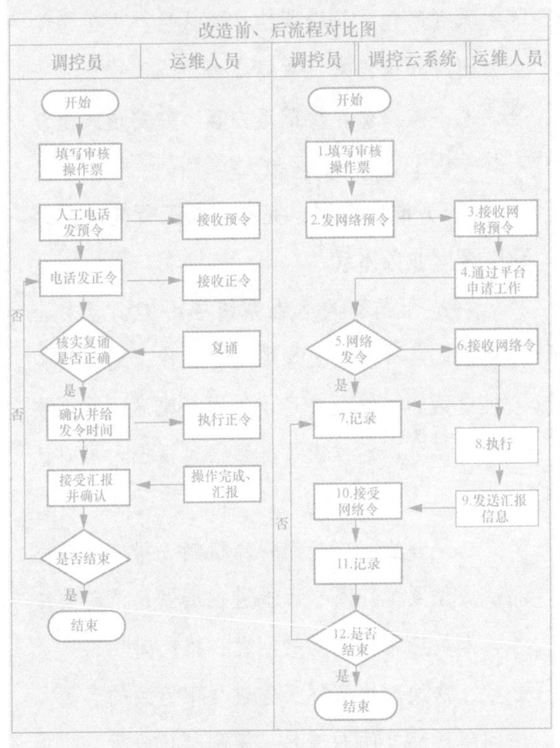

通过人工智能多部门、多线程、多任务并行处理模式，摆脱了电话等待的局限性，大大提高了管理效率。人工智能调度因具备按照相关规定对配网报警信息瞬间判断处理能力，能够自动完成变电站全停负荷转移功能恢复送电等一系列动作，只需调控员确认后，人工智能会立即告知抢修人员故障范围、隔离措施、安全注意事项、操作规范等内容，并发送到抢修人员手机上。

（三）推广部署，完善“人工智能+网络化”调度业务体系

一是开展配网运维系统应用培训。对全体运维人员开展“上岗取证”工作，通过模拟人机对话的运维人员可使用虚拟座席，原则要求所有供电所运维人员必须通过模拟人机对话考试。

二是建立推广应用保障机制。推广前使用测试操作票，让所有人员进行测试，及时解决各类人员应用中遇到的问题；推广时厂家人员驻点，快速解决实际工作过程中遇到的各类系统问题，建立问题清单，做到“日分析，周提

升”，严格按照实施方案及实施计划进行节点管控，加强了进度实施及质量监督。

三、形成的清单

1. 网络化发令管控要点清单

<table>
<tr><th>序号</th><th>环节</th><th>事项</th><th>责任人员</th></tr>
<tr><td>1</td><td rowspan="2">基础信息维护</td><td>1.新站投运前10天，获取IP，申请访问调控云权限（浙江省电力公司防火墙规则调整工单）</td><td rowspan="2">运维单位技术员将信息汇总，部门盖章后发送给地调专职，同时抄送调控班长</td></tr>
<tr><td>2</td><td>2.新运维人员取得接令权限（受令人员账号清单）</td></tr>
<tr><td>3</td><td rowspan="3">网络测试</td><td>1.新站投运前3天，完成变电站网络化发令电脑安装，登录调控云操作票系统测试</td><td rowspan="3">变电站设备主人、技术员、供电所运维人员、当值调控员、信通人员</td></tr>
<tr><td>4</td><td>2.所有变电站、手持终端要求每两周进行一次网络测试，并根据调度关系将测试情况OA告知相关调度</td></tr>
<tr><td>5</td><td>3.发现网络故障，立即汇报调度台，调度台确认是否为平台问题，如平台正常，则要求信通24h消缺</td></tr>
<tr><td>6</td><td>拟票审票</td><td>系统默认拟票、审票人员必须为当值人员，若非当值人员参与拟票，需将人员信息维护到当值</td><td>当值调控员</td></tr>
</table>

续表

序号	环节	事项	责任人员
7	预令	工作前一天下午发送预令，晚班人员检查预令是否都已接收，若存在未接受的预令，电话提醒、确认接收	白班调控员发预令、晚班调控员检查预令接收情况
8	正令	按计划时间发送正令，超5min未接令，电话联系现场	当值调控员
9	异常处置	在操作票拟票、审核、预令、正令等执行阶段遇到异常，立即联系管控组，根据意见转电话令，班组长将问题记录汇总，每周五形成问题报告	当值调控员、班组长

2.《人工智能虚拟调度座席现场使用操作清单》

序号	时间点	内容	注意事项
1	工作前一天	虚拟调度座席通过短信、电话发送预令，如未接到第二天预令，或预令有问题，联系调度台	预令无疑问，需回答：“清楚”

续表

序号	时间点	内容	注意事项
2	工作当天计划停役时间	主动联系“帕奇”，若15min后未联系，“帕奇”将主动联系现场	51233799/533799
3	发令过程	接通电话先汇报班组姓名，接令后，人员需要复诵时间	请用普通话，“帕奇”可能会反复与你确认内容
4	汇报过程	“帕奇”将询问是否正确，现场需回答“正确”或者“不正确”	如同一问题反复询问，需要转人工解决
5	计划工作结束前30分钟	若工作未结束，“帕奇”将打电话提醒，请接电话，并回答“清楚”	若不接电话，“帕奇”将会反复呼入
6	遇到问题	如遇到问题，请对“帕奇”说“转人工”，将会接通调度台人工电话	

四、取得成效

（一）提升调控业务安全性

网络化下令指令更准确，避免出现漏听误解的情况。同时发令过程可以在系统中实时显示，方便监护，相比传统电话发令调度模式更安全。

（二）实现调度许可高效性

通过“人工智能+网络化”模式，有效缓解了调度台在工作高峰时期，电话无法呼入、枢纽堵塞的情况。自全面推广以来，平均每天减少调度台电话208次，总计为调控班节约了近400工时，让调控员有更多时间关注电网风险。

（三）提升电网供电可靠性

多任务并行调度模式的实现，减少现场工作等待时间，计划工作均能按时开展，2021年累计减少现场发令等待时间达680h，经测算，可节约停电时户数1500余个，提升供电可靠性，保证优质服务水平。

五、通用性分析

网络化发令是省调最新推广的调控运用，

目前仍然存在一些问题，本案例通过提前管控方式确保发令顺畅，减少发令环节问题；余杭调控是最早开展虚拟调控座席业务的单位，已形成成熟的应用模式，有效减轻调控员负担，可推广至各县级调控机构。

弊端：一是部分地区现场工作负责人普通话较差，人工智能识别率低，影响工作效率。需要加强机器学习，提高识别率；二是网络化发令到终端可能会导致现场人员增加终端的负担，建议终端合并。

※3.4.3 注意事项

在验收评审阶段有一个现场集中答辩环节，答辩效果的好坏，直接影响答辩环节的得分。

（1）对答辩人来说，要求班组长亲自答辩，叙述方式通俗易懂，结合答辩材料从实际工作角度阐述，务实、具体、不空洞。

（2）在短时间内能引导评委更好地阅读答辩材料，亮点突出，抓人眼球。

（3）答辩时间在 15 ~ 20min，PPT 要精心制作，提前进行预演。

4 班组长说卓越班组创建

通过前面的介绍，相信大家已经对如何创建卓越班组有了一定了解。接下来，我们将以对话的形式，由两位新进班组的组员访谈申报卓越班组的班组长，讲述6个不同类型班组创建卓越班组的典型案例，帮助大家理解并掌握卓越班组的创建理论在实际中的运用。

4.1 运检班组长说

※4.1.1 班组概况

国网绍兴供电公司变电运检中心渡东运检班，现有员工45人，平均年龄40.8岁，高级技师10人，高级工程师10人，国家电网公司专家2人。设班长1人，副班长4人，技术员5人。班组目前承担所辖30座变电站（其中220kV变电站3座、110kV变电站22座、35kV变电站5座）的全部检修、运维、监控业务。包括巡视维护、带电检测、两票处理、事故抢修、计划检修及设备全寿命周期

管理，以及主设备状态管控、站内应急指挥、辅助设备状态管控等。

2012年获全国质量信得过班组、2017年获国网浙江电力五星级班组、2018年获国网浙江电力精品典型班组、2019年获国家电网公司先进班组、2021年获国家电网公司一流班组（工人先锋号）。2021年年底获国网浙江电力卓越班组称号。

※4.1.2 认识卓越班组

如何理解卓越班组呢？

创建卓越班组与其他类型班组（五星级班组、精品典型班组、国网一流班组（工人先锋号）等的相同点，包括资料收集、佐证材料整理、答辩环节等。

不同点是卓越班组创建过程中，要针对班组管理过程中的难点痛点，并对症下药，提炼经验，固化清单。借助场景化、清单式等管理工具，促进班组员工挖掘潜力，找出亟待优化点、发现必要的减负点，严防潜在的风险点，持续改进提升，并形成可复制、可推广的典型经验。

※4.1.3 困难与措施

在创建“卓越班组”的过程遇到哪些问题？怎么解决？

班组人员老龄化较为严重。人员平均年龄40.8岁，年轻值长、技术员及其他技术骨干队伍中年轻人的比例较低。35岁以下班组长为2人，技术员1人，值长2人，总计5人，占比为11%，年轻骨干占比偏低。

技能培训途径还不完善。班组由于人少站多，业务面广，作业量大，无法安排足够的时间对班组人员第二专业技能进行系统培训。班组人员配备由于专业较为分散，相比专业集中的班组，交流机会较少。

对此，班组作出如下解决措施。

由运检工转型为“全科医生”。大力推进运检监一体模式应用，以运检业务为基石，融合监控业务，培育一岗多能的全能型人才。以渡东集控站建设为契机，深化运检监一体化作业模式，拓展C/D级检修、带电检测、油化等业务，深度实践设备主人，做好设备全寿命周期管理。

人才培养、培育“运检监”合一的多专业复合型人才。通过运检学监控、监控学运检，逐步加强人员专业能力。强化青年员工的培养，完善“师带徒”机制，通过规范培训、先进引领，激发青年员工渴望成才的热情，带动努力成立成才的干劲。

※4.1.4 日常管理

在创建“卓越班组”的过程中，班组的日常管理应该注重哪些工作呢？

1. 安全管理

班组注重安全制度的宣贯，强化安全生产教育活动，推进安全生产学习。严控生产作业流程，规范“两票一单”填写标准，“两票”按照“六要、七禁、八步”严格执行。融合监控业务，深化推进运检监一体模式，充分发挥设备主人的主观能动性，实现运维、检修、监控全专业安全管控。

2. 生产管理

班组建立了一套“以阶段工作甘特图、安全风险管控卡、巡视维护作业卡和人员排班表为基础，纵向覆盖月、周、日计划，横向延伸至‘运、检、监’各业务”的生产精益化管理体系。创新开展运检监一体化业务，优化作业流程和项目管理流程，提高生产效益。

3. 绩效管理

班组设立运检监一体化专项奖金，根据运检人员的工作量和运检工作的融合度进行量化积分，并最终与奖金数额

挂钩，实现多劳多得，充分调动运检人员积极性，推动运检班组发展。建立基于人岗适配的安全生产管控及奖惩体系，试行安全生产奖惩实施细则，将人员的技能水平与工作难度相匹配，并体现在最终的安全绩效上。

4.培训管理

班组按照“运维学检修、检修学运维、新员工学运检”三个维度全面培养“一岗多能”人才，通过“集中轮训、实战练兵”两个阶段提升专业技能水平。班组日常每月开展技能培训，每季度举办专项测试，定期进行技能鉴定，将考评结果与人员绩效挂钩。

※4.1.5 四个关键

在创建“卓越班组”的过程中，如何做好核心业务、数智运用、激励机制和队伍建设等这四个关键？

（一）核心业务

通用场景：变电运检业务管控精益化

场景描述：

统筹编制运维、检修、监控生产计划，发挥“运检监一体”优势，形成纵向覆盖年月日，横向覆盖运检监各专业的综合生产计划，通过过程管控实现闭环管理。开展基于“五纵五横”体系的

综合检修项目化管理与实践。

做法措施:

（1）统筹分工，根据作业面安排相关专业人员；

（2）建立机动应急机制，配备日常备班人员。

取得成效:

（1）运检作业有据可依，有章可查；

（2）业务界面划分高度清晰，安全职责全面覆盖；

（3）技术标准能够全面支撑运检岗位和现场业务；

（4）确保无安全盲区和责任死角。

风险点分析及应对措施：安全生产承载力

（1）风险点分析：变电站数量持续增加导致人力资源紧缺，安全生产压力大等问题，同时存在生产计划与人员匹配度不高，造成职工工作过载或轻载，影响计划的刚性执行力度。

（2）应对措施：开展运检监一体安全生产承载力分析，做好“以量定员”“以能定职”和有效作业时间评估，通过计划滚动修改，保证计划刚性执行，实现人力资源有效配置，避免“超负荷、超能力、超时间”的不安全状态。

做法措施固化清单：一图三表促生产

（1）绘制阶段工作甘特图（明确工作时间节点、内容要求）；

（2）制定次月工作计划表（班组

上交，工区汇总出口）；

（3）制定次周风险管控表（电网、操作、作业风险）；

（4）制定次日安全交底表（工作计划表、安全交底表）。

（二）数智运用

通用场景：智能运检

场景描述：

图像监控远程巡视，操作机器人人机协同，一二次互联智能判断。

做法措施：

（1）建立图像监控远程巡视机制，定期开展运检人员远程巡检机制；

（2）操作机器人人机协同，提升应急抢修效率；

（3）进行一二次互联智能判断，提升设备巡视效率。

取得成效：

（1）主设备状态监视覆盖率达到100%，辅助设备状态监视覆盖率达到90%；

（2）作业在线办理省时省力；

（3）数据分析挖掘利于管控。

风险点分析及应对措施：新技术应用

（1）风险点分析：操作机器人对操作对象（如压板、控制转换开关等）的尺寸规格统一性有一定要求，无人机巡视变电站设备，由于设备密度较大，需保证与带电设备的安全距离，无人机操作难度较大。

（2）应对措施：建立机器人运维

管理实施细则，实现机器人在变电站的规范应用。

做法措施固化清单：

（1）设备巡检远程控制；

（2）设备操作机器辅助；

（3）设备状态智能管控。

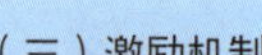

（三）激励机制

通用场景：以安全为导向的动态分配

场景描述：

制定基于人岗适配的安全生产奖惩实施细则，设立包括工作票奖、操作票奖、安全隐患发现奖等安全风险奖，细化积分规则，针对安全事故及违章进行处罚，实现安全生产奖励的动态分配。

做法措施：

（1）加强和规范班组安全管理工作，健全安全激励约束机制，落实各级人员安全责任，严格执行事故责任追究和考核，制定《基于人岗适配的安全生产奖惩管理办法》；

（2）利用积分制度，量化个人安全生产业绩。

取得成效：

想法与存在难处（如家庭照顾，技能学习等），切实帮助员工克服畏难心理，让员工无后顾之忧。

做法措施固化清单：

（1）以绩促能，动态分配；

（2）量化考核，按劳分配。

（四）队伍建设

通用场景：个性化多途径人才培养

场景描述：

针对员工的实际情况进行培养，根据员工的身份（运维专业、检修专业、新员工）、技能水平等制定不同的培训计划，开展专业技能培训、鉴定。

做法措施：

（1）构建员工岗位成才目标管理体系，建立员工技能提升时间维度和分级目标要求；

（2）建立包括业务能力鉴定（理论+实操）和工作态度鉴定的分专业1～5级技能鉴定机制；

（3）建立师徒联动、班组统筹的员工技能发展考核评价机制；

（4）通过“三个维度，两个阶段”有序开展各类线上线下技能培训；

（5）每季度开展第二专业技能测试，持续巩固运检融合技能提升。

取得成效：

（1）培养“能多干，肯多干，干得好”的“运检监”复合型人才；

（2）实现员工一岗多能，培养具备运检双专业资质人员41人、具备运检监三专业资质人员12人；

（3）助力班组减员增效；

（4）通过培训，实现50%的人员达到二级及以上技能水平。

风险点分析及应对措施：队伍建设

（1）风险点分析：运维人员与检修人员向运检人员转型过程中，由于承

担业务拓展，可能会出现部分员工积极性不高，年龄大的员工学习第二专业技能较为吃力。人员第二专业技能无法匹配运检作业需求，无法全面支撑“运检监一体”业务开展。

（2）应对措施：实行“全科医生”队伍建设，定期开展老员工技能帮扶活动，强化第二专业技能学习与测试。

做法措施固化清单：

（1）三个维度夯实基础；
（2）两个阶段提升技能；
（3）“学考问演”促提升；
（4）以比促学，以学促进。

※4.1.6 申报流程

从创建“卓越班组”的申报流程来看应该注意什么？

一是做好基础资料整理工作，并做到实事求是，做好佐证材料整理工作。

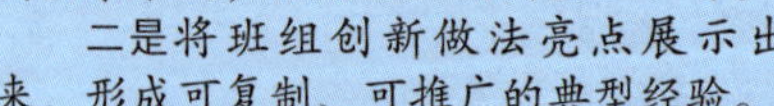

二是将班组创新做法亮点展示出来，形成可复制、可推广的典型经验。

三是客观分析本班组专业业务、安全管理、业绩指标等有关“四个关键”方面不足之处和提升空间。

※4.1.7 专业特性

创建运检专业“卓越班组”具有什么特性呢？

变电运检专业在创建“卓越班组”过程中，重点是通过创建过程，找到解决班组安全生产、人员矛盾、技能培训存在痛点难点问题的解决方法，并以各个作业场景为载体，形成固化清单，有利于班组好经验、好做法的传播推广。同时，在发现问题—解决问题的过程中，不断改进不足，完善短板，实现班组螺旋式的提升。

4.2 营销班组长说

※4.2.1 班组概况

国网杭州萧山区供电公司钱江供电所，现有人员163名，其中研究生2名，本科51名，大专50名。有高级技师和技师各1名，高级工51名，中级工9名，初

级工2名。20～30岁员工21名，30～40岁员工59名，40～50岁员工51名，50岁以上员工33名。设所长1名、书记1名、副书记1名、副所长2名，下设综合组、安全监控组、营配组，两个高压供电服务班，以及新街、宁围、盈丰三个服务站。

班组主要负责的工作有两项：

一是配网专业。配电网运行管理，包括设备巡视、隐患缺陷处理、现场标示标牌等。配电网工程管理，包括电网规划、网架补强、设备验收、业扩通电等。配电网抢修管理，主要为各类中低压故障抢修。

二是营销专业。负责辖区内营业窗口日常营业工作。负责全所高、低压用户的电费抄核收、营业档案管理、新型业务推广工作。负责区域内10（20）kV高压、低压业扩工程的现场勘查、竣工验收、合同签订、现场通电和日常用电检查工作。负责计量故障现场勘查工作，及区域内10（20）kV高压、低压用户表计安装，表计轮换，负控终端运行维护工作。

2018年获省公司精品典型班组，2019年获国家电网公司一流班组（工人先锋号），2020年获评“全国五星级现场”，2021年获评省公司卓越班组。

※4.2.2 认识卓越班组

如何理解卓越班组呢？

卓越班组创建不仅关注结果，还关注创建过程，更关注管理方法的提炼、传承和持续优化。

卓越班组更倾向于班组内部的管理提升。国家电网公司是一个规范化、体系化的企业，电力服务、供电流程等管理都是有非常完善的体系。但对于公司班组内部而言，每个班组都有差异性。例如在营销方面，抄表、收费等工作，差异较大。所以，每个班组很难能用一个标准操作，需要根据班组服务对象的规律，以及班组内部的情况来进行专题提升。既然每个班组都有自己独特的特点，就有自身的薄弱点及长处。创建卓越班组的目的是把自己的长处进行总结、固化并发扬传承，通过借鉴外部经验来优化短板，通过科学有效的方法提高班组管理水平，这是卓越班组的核心要义。

创建卓越班组有三个路径，暨“清单式管理、场景化分析、螺旋式提升”。清单式管理是把班组擅长的经验和方法通过清单化的形式罗列出来，并进行宣传和传递，薄弱处通过场景分析、清单式管理的方法，逐步形成固化清单并进行针对性提升。

创建卓越班组的评审频率也非常高，有初次评审、中期评审、最终评审等，属于全过程评审。

此外，卓越班组不仅要看成效，还要看这个成效是怎么来的，这关系到班组日常管理是否扎实，这也是创建卓越班组和其他创建荣誉或称号的最大区别。

最后，卓越班组创建从需求点出发，强调自我驱动，通过实际工作发现并解决问题，并形成优秀和典型经验，再对外传播。

※4.2.3 困难与措施

在创建“卓越班组”的过程遇到哪些问题？怎么解决？

场景化分析的难点在于选择哪一些点来进行提升。要找到自己的薄弱点或者亮点，方向找到了，才能继续朝着目标推进。

例如钱江供电所，在业务量增加、工作量增加、人员没有相应增加的情况下，如何提升供电所员工的工作积极性？我们的措施是把工作量进行量化，再根据工作量进行绩效分配。例如原先1000元奖金，5个人平均分配，每个人得200元。现在是按照工作量进行分配：人资部建立一套工分体系，不同的工作对应不同的工分，这样就可以科学地把整个工单计算出来，每个人干多干

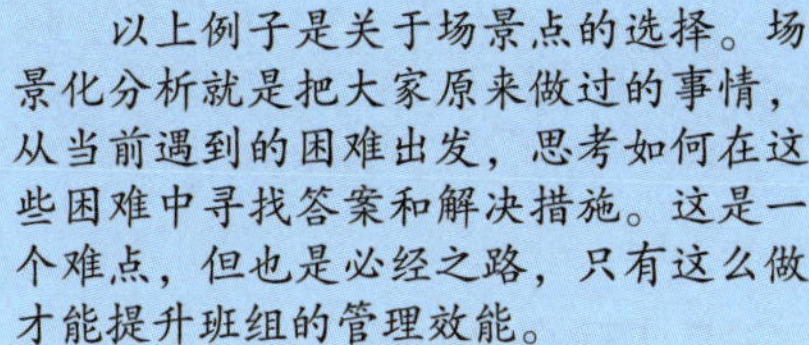

少就有依据，这样才能把员工的积极性调动起来。

以上例子是关于场景点的选择。场景化分析就是把大家原来做过的事情，从当前遇到的困难出发，思考如何在这些困难中寻找答案和解决措施。这是一个难点，但也是必经之路，只有这么做才能提升班组的管理效能。

※4.2.4 日常管理

在创建“卓越班组”的过程中，班组的日常管理应该注重哪些工作呢？

日常管理应该注重创新和变革，通过不断变革，提高班组的绩效。

钱江供电所原营销组跟配网组是分开的，2021年开始营配融合到一起。在原来线路、业务量和用户量都比较少的情况下，假设1%的概率出问题，1万用户中出问题的就是100户。现在基数扩大了10倍，达到10万户，出问题的可能数就达到1000户。但所里人员没有增加10倍，所以必须进行管理上的变革。钱江供电所把整一个区域进行网格化管理，台区经理要负责这一块片区的所有高压低压业务，末端营销配网业务都是一个人负责，包括抄核收、高压低压运检和抢修等工作，这样整片区域的管理界限就可以划得很清楚。

现在供电所对所有人都进行了全方位培训和培养，目的是打造全能性的核心业务骨干，让所有人能够有“拿得出手”的基本技能和核心技术，提高班组的整体效益。

※4.2.5 四个关键

在创建“卓越班组”的过程中，如何做好核心业务、数智运用、激励机制和队伍建设这四个关键?

（一）核心业务

通用场景：安全管控

场景描述：

通过生产计划风险管控平台对低小散作业进行全流程管控。通过4G视频远程监控对现场进行安全监督。通过到岗到位、安全检查和安全生产管控平台进行安全作业管控。

做法措施：

（1）使用作业计划生产管控平台对作业现场进行管控；

（2）通过浙电安全生产管控平台对员工安全准入，违章情况进行把关；

（3）通过安全学习加强工作票填写培训以及安全技能培训；

（4）通过修改岗位职责清单，员

工明确岗位职责。

取得成效:

(1)员工安全准入合格，资质水平达标率达100%，违章员工能及时进行培训教育，合格后重新上岗;

(2)加强员工岗位技能，更好完成末端融合。

做法措施固化清单:

(1)生产计划风险管控平台流程使用说明;

(2)安全技能考核制度规范;

(3)执行制度规范;

(4)作业管控闭环流程。

(二)数智运用

通用场景:物资智慧仓储

场景描述:

应用智能化专业物资仓，打造互联网应用下的24h远程协助“自助领料式”无人值守仓库。

做法措施:

(1)所里建立智能化安全工器具库，智能备品备件库，并制定相应管理规范;

(2)设计预约领料模式，开发仓库智能引导系统;

(3)完善废旧物资处置流程，进行物资全链条管理;

(4)配备全智能计量周转柜，满足日常配表全量业务需求。

取得成效:

(1)因物资储备不及时而导致的

缺货情况下降75%；员工出现错拿、漏拿、多拿等情况明显减少；

（2）物资领料环节的耗时由原先的13min下降到3.7min，为实现更短的故障抢修时间创造条件。

做法措施固化清单：

（1）物资出库领用流程清单；

（2）物料系统入库流程清单。

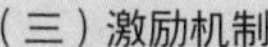

（三）激励机制

通用场景：员工绩效

场景描述：

供电所员工积分制二级绩效制度。

做法措施：

（1）建立全工种全作业工分库，应用数供平台进行工分自动汇总统计，将员工各类专业工作转化为工单积分，激发职工工作积极性；

（2）将管理人员、内勤人员均纳入联责考核，同步计算积分；

（3）定期公开绩效看板，进一步促进供电所提质增效。

取得成效：

（1）班组自主管理能力提升，更加规范化。

（2）同业对标中取长补短，提升管理水平。

（3）违章员工受到实质性惩罚，避免重复犯错。

做法措施固化清单：

（1）二级绩效与薪酬包干考核实施清单。

（2）各类人员积分统计清单、钱江供电所工单分值参考表。

（3）核心总结提炼：业务工单化，工单积分化。增人不增资，减人不减资。

（四）队伍建设

通用场景：员工培训

场景描述：

精炼人才培训，采用线上线下相结合的培训模式，促使员工开展主动学习。

做法措施：

（1）利用“杭电云学堂”开展线上线下常态化培训，利用好员工碎片时间。

（2）运用以“小、精、灵”为特色的室内实训场地，帮助员工建立良好的学习习惯，从“要我学”转变为“我要学”。将员工各类专业工作转化为工单积分，激发职工工作积极性。

取得成效：

（1）“杭电云学堂”活跃员工覆盖率为100%；

（2）各专业全工种实训室培训覆盖率为100%。

做法措施固化清单：

（1）末端融合业务开展分解清单；

（2）钱江供电所2021年培训计划清单。

※4.2.6 申报流程

从创建“卓越班组”的申报流程来看应该注意什么？

一是要注意留痕。平常做的一些场景和一些提升，要注意留下记录。例如中期检查，需要将清单上能够展示的内容都展示出来。还需要注意日常的流程管理，把“为什么提升、如何提升”等都记录下来。例如某次会议研讨工作如何改进和提升，就要把会议纪要保存下来。再例如有些改进的清单，原来清单是什么样子、改进完之后成什么状态、每一次改进达到什么成效等过程，都要有记录。

二是要注意过程总结，形成清单。卓越班组对清单的重视程度较高。清单式管理的要求是解决每一个场景的问题。如果清单不准确，那么这个场景就不完善。所以，平时就要注意对管理清单进行总结，这是一项常态化的工作。如果是班组内部的创新，可能没有办法从一些制度或者流程中找到现成的参考，就需要总结出有价值的做法、流程，这也是一种很好的清单。

三是要注意发现小的提升点。班组是企业最小单位，解决的是日常工作中的“小点”，通过“小点”不断优化改进，才能完成卓越班组从量变到质变的创建过程。

四是要注意典型经验案例的编写。在班组众多的管理活动中，应选择最有亮点的典型做法，注重提炼总结，同时重视打分表以及最后对评委的汇报。在汇报时，要注意重点展示亮点，阐述做了哪些具体体现亮点的工作，而不是对经成熟的工作进行汇报。

特别注意的是必须要有亮点，日常普通，所有班组都有的做法，就不叫卓越了。至少要突出一两项班组亮点的做法，此项亮点的工作清单是什么、改进了什么、有哪些成效，再通过不断循环改进，这才叫卓越。

※4.2.7 专业特性

创建营销专业“卓越班组”具有什么特性呢？

营销专业的工作是面向用户，以结果为导向，提高服务的质量和效率，提升用户满意度。例如，在给用户提供启动供电方案的时候，能否做到在规定时限内、在多项流程规范里，把所有事项处理好。

现在越来越多的城区型供电所，面向的客户对服务效率、服务理念的要求越来越高，必须坚持以用户需求为导向，从用户角度看问题，用户需要什么，就要在整个范围进行提升。营销专业的核心问题就是围绕着用户的需求来开展工作。

除了围绕客户之外，营销班组还需要着眼于整个企业业务出发，准确理解大方向大思路，学习公司各项规定、制度和通知，从上至下扎实落实和完成任务，这是创建具体做法的核心思路。

4.3 基建班组长说

※4.3.1 班组概况

浙江省送变电工程有限公司电缆公司（原机具公司电缆班），现有员工56人，其中副高级工程师5人，中级工程师8人，助理工程师15人。高级技师1人，技师6人。注册一级建造师4人，注册二级建造师1人。设经理1名，副经理2名。班组目前主要承担省内35kV及以上电压等级电力电缆工程项目管理、电缆施工、电缆故障抢修和检修工作，设有杭州、宁波两个区域项目部。电缆事业部实行自主经营，人事自主，独立核算。

2018年获得国网浙江电力五星级班组，2021年获得卓越班组称号。

※4.3.2 认识卓越班组

如何理解卓越班组呢？

创建卓越班组与其他类型的班组创建相比，相同之处在于，一是在创建目的上都是着眼于通过提高班组的标准化、规范化管理水平，提升班组执行力、战斗力。二是在创建方法上都需要班组具有扎实的管理基础，包括明确的职责分工、完善的管理制度、规范的工作流程、良好的党建和团队文化，同时需要有突出的工作业绩作为支撑，是一种内外兼修的创建过程。

不同之处在于，一是目标高。卓越班组的创建是在原有其他类型先进班组创建的基础上，应和时代进步和企业发展需要的进一步提升。所提出的“一个核心”（打造坚强高效执行单元）、“三大特征”（“精益管理”“自我驱动”“智慧作业”）的创建要求，超越了以往对单纯任务型班组的创建模式，添加了“效益、精益、智慧”等新的管理要素，是当前国网浙江电力建设新型电力系统、推动企业高质量发展的战略落地在班组建设工作中的具体体现。二是方法新。创建过程所要求采用的“场景化分析、清单式管理、螺旋式提升”三个途径和重点围绕的“核心业务、数智运用、激励机制、队伍建设”四个关键，为班组创建工作提供了新的管理工具和方法论，具有更强的实践性和针对性。三是效果好。班组立足自身特点，通过洞察业务现场，开展专题研究，精准剖析管理痛点、堵点和难点，探索解决路径，形成适应现场、简明扼要的班组工作清单和可推广的典型工作案例，不但解决了工作上的问题，积累了管理经验，也提升了班组不断自我探索、持续改进的积极性、主动性。

※4.3.3 困难与措施

在创建“卓越班组”的过程遇到哪些问题？怎么解决？

1. 班组职能转变亟待建立一套与业务相适应的管理体系

2021年，浙江送变电公司在原机具公司电缆班的基础上成立了电缆公司，班组职能从一个电缆施工为主的操作型班组，转变为以电缆工程项目管理（27项）为主的管理型分公司，首要任务就是围绕电缆工程施工项目管理，建立起一整套相关的管理架构、工作机制和业务流程。

因此，电缆公司结合“卓越班组”创建工作，按照“一个核心”“三大特征”的创建目标和“三个途径”“四个关键”的创建理念和方法论，通过洞察业务现场，开展专题研究，精准剖析管理痛点、堵点和难点，探索解决路径，

迅速制定了一整套新的组织架构、岗位体系、管理制度和工作流程，并且通过工程实践不断持续补充完善，较好地适应了班组工作职能的转变。

2. 项目管理及技术力量相对薄弱

相对于公司电缆业务的快速扩张，可从事一线电缆工程项目管理及技术管理的骨干人员出现不足，土建专业管理人员较为缺乏，电缆附件安装人员人数偏少，关键工序对厂家依赖性较大。

因此，电缆公司制定了针对性措施：一是建立单位内部学习交流平台和活动载体，促进员工积极开展业务学习、取证考证等工作，及时弥补项目管理上的短板。二是定期进行项目部月度考核和员工岗位分级考核，考核结果与薪酬水平挂钩，督促员工积极学习业务，加快人才成长。三是加大引进和培养土建专业人才力度，开展“土建质量提升年”、土建质量通病治理等活动，强化对土建施工的管理。四是挑选优秀青年员工，通过输送到电缆厂家和实际工程中参与学习附件施工工艺、开展电缆附件制作技术比武等方式，提升自身技能水平，掌握电缆核心技术。五是通过“搭台子、给位子、压担子”，引导员工在工程实践中实现岗位成才，为后续承接大型总承包工程储备人才。

3. 分包单位现场安全管理能力不足

面对国家电网公司2021年以来的“反违章”重点工作要求，现场安全生产存在的主要问题，是分包单位施工班组特别是土建劳务班组的自我安全管理素质和能力，有时还不能适应上级安全

管理要求。其中关键是部分班组骨干人员，离真正的“明白人”的要求有差距，对“四不两直”、视频监控、现场问询等“沉底式”的现场检查方式感到较为困难。

班组是做好现场安全生产的基础，“基础不牢，地动山摇”。因此电缆公司把加强分包单位施工班组建设、提升班组骨干人员的安全管理素质和能力放到十分重要的位置，提出了分包班组穿透式管理的要求。一是加大对分包队伍实际控制人的教育、监督和惩治力度，倒逼在班组骨干人员的选择、配置、教育上加大投入，杜绝低素质人员滥竽充数。二是安排项目管理人员深入劳务团队，协助他们建立相对健全的班组管理体系，规范班组安全活动、站班会以及现场安全管控等工作流程，增强班组自我管理能力。三是对于劳务班组违章行为的处罚坚决落实到违章责任人，防止处罚措施不到位，失去惩戒和教育效果。四是对那些管理基础薄弱的劳务班组实行“同吃同住、同进同出”的全过程现场监管，规范作业行为，提高管理水平。五是加大通过布控球、智能安全帽等远程视频监控和电话问答等方式的检查力度，落实分包单位安全积分考核制度，培育技能素质好、安全管理优、质量意识强的核心分包队伍。

※4.3.4 日常管理

在创建“卓越班组”的过程中，班组的日常管理应该注重哪些工作呢？

1. 完善制度体系建设

2021年电缆公司梳理出制度规范29项，并且按照上级有关精益管理的最新要求和分公司自身发展的现实需要，结合制度执行中遇到的问题和挑战，依据适用性、实效性原则定期进行滚动修订，着力建立健全完备有效、覆盖全面的制度规范体系，为分公司健康发展提供制度支撑。

2. 提高经营管理水平

电缆公司经过一年项目化管理的运作，经营管理工作逐步走上正轨，工程项目盈利水平保持良好记录。但鉴于经营管理工作仍处于打基础阶段，电缆公司始终把完善内部项目经济责任制作为重要工作，在对以往项目经营活动分析的基础上，梳理各类施工成本费用的发生状况，建立电缆工程内部成本取费标准和分析模型，促进经营效益再上新台阶。

3. 严抓现场安全管理

面对国家电网公司“反违章”重点工作要求，电缆公司加强安全管理体系建设，完善安全量化考核体系，压实各级安全生产责任，加大反违章检查力

度，严格落实停工、约谈等考核整顿措施，严格执行人员准入制度，对违章行为执行刚性惩罚措施。

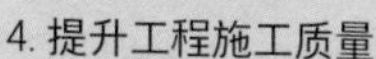

4. 提升工程施工质量

组织技术人员对技术标准规范的学习和考试，提高队伍整体技术水平。针对各类施工工况加强质量管理策划，细化施工方案编制，完善标准工艺流程，开展标准化施工作业。加强施工全过程质量管控，围绕隐蔽工程、成品等关键环节，完善施工技术交底、关键点控制、内部验收等管控措施，开展质量通病治理，健全质量管控体系。

5. 深化技术创新工作

结合公司“四化”（施工作业流程标准化、施工作业方法机械化、变电施工安装模块化、企业基础数据信息化）提升工作效率，加强科技创新引领和资源投入，积极应用新技术、新装备、新理念，加强总结提炼、技术转化，通过技术创新对施工各环节进行提升赋能，推动形成标准、专利、工艺等成果，形成浙送电缆核心技术优势。

6. 加强人才梯队建设

建立单位内部学习交流平台和活动载体，员工自觉通过加强学习提升个人业务素质和水平。采用“平战结合”的方式加大专业技术能力培养。开展“蓝领员工队伍培育途径研究”课题，主要着眼于电缆工程蓝领员工队伍建设，探索在当前多种用工形式下蓝领员工“选、育、留、用、汰”工作机制和成才路径，真正打造“自己干”“领着干”的核心力量。

※4.3.5 四个关键

在创建“卓越班组”的过程中，如何做好核心业务、数智运用、激励机制和队伍建设等这四个关键？

（一）核心业务

通用场景：现场作业规范化

场景描述：

电缆工程施工现场安全文明措施完善，人员作业行为规范，安全质量受控。

做法措施：

编制《电缆工程施工安全口袋书》，其中包括电缆施工严重违章清单、安全生产典型违章条例（电缆部分）、严重违章惩处措施、输电线路（电缆）工程安全要点告知卡等内容，做到“人手一本，每日必学”。制定《电缆公司安全质量考核与奖惩实施细则》，对电缆工程管理中涉及安全质量的工作流程和作业行为进行梳理规范，对违章违规行为实行相应的经济处罚。

取得成效：

有效规范现场施工组织行为和作业行为，减少施工安全质量违章违规事件，坚决杜绝安全质量事故发生。

风险点分析及应对措施：安全生产承载力

（1）风险点分析：

1）相关制度与实际工作存在差

距，执行效果不佳；

2）宣贯不到位，没有引起相应的重视；

3）执行力不强，成为一纸空文。

（2）应对措施：

1）制度边行边试，不断完善；

2）坚持深入宣贯和严格执行相结合，逐步入心入脑；

3）加强检查反馈，配套奖惩措施，落实管理责任。

做法措施固化清单：

（1）电缆公司安全质量考核与奖惩实施细则；

（2）电缆工程施工安全口袋书。

（二）数智运用

通用场景：现场管控信息化

场景描述：

依托远程信息通讯技术，充分应用各类网络通讯平台和视频监控装置，实现后方与前方项目部、工地现场的远程对接和实时管控。

做法措施：

采用视频会议、I8系统、e安全App、钉钉、微信等系统，保持前后方工程信息快捷畅通。通过智能安全帽、布控球视频监控系统随时掌握现场施工情况。相关工作纳入项目部月度考核，其中要求e安全电子工作票上人员必须与参加站班会的实际工作人员一致，视频装置日常上线率应保持90%以上，对

于三级及以上安全风险作业点的监控视频上线率应达到100%。

取得成效：

通过信息化手段能够实现前后方信息渠道高效畅通，职能部门可以随时掌握各个工程项目的安全、质量、进度、经营等信息，并对作业安全风险点实施有效监控。

风险点分析及应对措施：

（1）风险点分析：

1）相关数据录入滞后或有误，没有反映当前真实情况；

2）现场施工人员对e安全、视频监控有抵触情绪，未按要求布置和使用。

（2）应对措施：

1）职能部门加强对系统数据审核，及时进行纠偏提醒；

2）对于e安全、智能安全帽、布控球的正确使用纳入项目部月度考核。

做法措施固化清单：

（1）《电缆公司关于每日站班会视频报送及规范使用e安全App的通知》；

（2）《电缆公司关于现场规范使用布控球、智能安全帽的通知》。

（三）激励机制

通用场景：员工考核能上能下

场景描述：

对辅助员工通过系统化考核，进行岗位定级，实现“人员能进能出，岗位能升能降，薪资能增能减”。

做法措施：

制定辅助员工年度岗位分级考核办法，进行360°全方位考核评价，根据考核结果进行岗位定级并对应相应的薪酬水平，考核不合格者给予待岗培训或辞退。

取得成效：

提高辅助员工工作责任心和业务水平，增强工作和业务学习的积极性主动性。

风险点分析及应对措施：

（1）风险点分析：

1）制度设计不合理，考核内容、流程、权重比例存在缺陷，不能真实反映员工状况；

2）考核过程不公正，受到人情等因素影响；

3）考核结果不透明，引起员工思想情绪反弹。

（2）应对措施：

1）制度设计尽量考虑周全，同时边行边试，不断改进；

2）采用引入多个评价方、多种评价方式的360°考核，不局限于某类特定人群和某种单一方式；

3）考核过程员工广泛参与，并予以监督；

4）考核结果公开，接受员工反馈和申述；

5）对于存在舞弊行为者给予严肃处理。

做法措施固化清单：

《电缆公司辅助员工年度岗位分级考核办法》。

（四）队伍建设

通用场景：专业人才培养

场景描述：

单位内部具有浓厚的学习氛围，青年员工自觉通过加强学习提升个人业务素质和水平。

做法措施：

建立单位内部学习交流平台和活动载体，明确青年员工职业生涯规划和目标，督促员工积极参与论文发表、职称晋级、取证考证等事项。

取得成效：

拥有较多科技创新项目和革新成果，核心骨干具有相应的管理能力、技术职称和建造师执业资格，一线施工人员能清晰掌握相关的工作要求。

风险点分析及应对措施：

（1）风险点分析：

1）学习动力不足；

2）工学矛盾突出；

3）配套资源和学习条件不完备。

（2）应对措施：

1）学习成果和个人绩效考核、岗位晋升挂钩；

2）分公司、项目部分层采用“一人一主题，一周一课堂”的方式，定期组织学习交流；

3）配套相应的课程教材体系，建立线上线下学习平台；

4）落实青年员工“师带徒”制度。

做法措施固化清单：

（1）《电缆公司人才队伍建设规划2021—2023》；

（2）《电缆公司“师带徒”实施细则》。

※4.3.6 申报流程

从创建“卓越班组”的申报流程来看应该注意什么？

一是要系统、全面的理解“卓越班组”创建目的意义和相关要求，在具体分析班组自身工作特点和场景基础上，按照创建工作的规范、路径、方法和重点开展好相关活动。

二是在过程中需要不断深化对创建工作的理解，及时进行总结、分析和反馈，坚持以问题为导向，针对工作中遇到的难点进行持续改进。

三是做好基础资料收集整理，积累创建工作经验，将班组创新做法亮点展示出来，形成可复制、可推广的典型经验。

※4.3.7 专业特性

创建基建专业“卓越班组”具有什么特性呢?

在创建“卓越班组”过程中，紧扣“一个核心”“三大特征”的创建，和“三个途径”“四个关键”的创建理念和方法论，重点找到班组安全生产、人员矛盾、技能培训等方面存在痛点、难点问题的解决方法，并以各个作业场景为载体，形成固化清单，有利于班组好经验、好做法的传播推广。同时，在发现问题、解决问题过程中，不断改进不足，完善短板，实现螺旋式提升。

针对基建专业班组，作为基建施工企业，电缆公司是把卓越班组创建工作和本单位“一个主线、二个增强、三个提高、四化推进”的年度工作思路有机结合，即通过深入开展“管理深化年”活动，围绕“从施工操作型向项目管理型转变”主线，不断增强项目管理能力和分包队伍施工能力，着力提高员工队伍素质、现场管控力度、核心技术水平，稳步推进“管理精细化、施工专业化、考核绩效化、队伍准军事化”，从根本上扭转粗放管理局面，打造“稳”有根基的安全生态、价值创造的发展生态、担当有为的责任生态，形成分公司、项目部、分包单位三个层面“同芯联动、高效运转”的工作体系。

4.4 调控班组长说

※4.4.1 班组概况

国网金华供电公司调控中心地区调度班，现有成员13人，其中中共党员8人，研究生6人，高级工程师3人，浙江省电力技术能手和浙江金蓝领1人，平均年龄34岁。

班组负责金华110kV电网、220kV馈供网、非统调电厂和城区范围35kV电网的事故处理、正常的倒闸操作和新设备投运，做好地区发用电平衡，确保电网的安全稳定、优质经济运行。班组工作任务包括日常调度操作、异常及事故处理、发用电平衡、新设备投运和其他管理工作。

2013年，获国网浙江电力先进班组（工人先锋号）、全国质量信得过班组。2015年获国网浙江电力2014年度五星级班组（工人先锋号）。2019年获国家电网公司2018年度先进班组。2020年获国网浙江电力精品典型班组。2022年获国网浙江电力卓越班组、浙江省青年文明号。

※4.4.2 认识卓越班组

如何理解卓越班组呢?

“卓越班组”的创建与精品典型班组创建相比，在班组长配强、有突出的管理经验和亮点、人才培养基地和内质外形四大方面及智能型、复合型、学习型三种类型的基础上，更侧重问题导向，尤其突出“清单式管理”。可以说，卓越班组创建是对精品典型班组创建的螺旋提升。

※4.4.3 困难与措施

在创建“卓越班组”的过程遇到哪些问题？怎么解决?

难点主要是创建工作开展前期，班组对清单的理解不够深刻，最初梳理的清单，有的不够简明扼要，颗粒度过大，有的可操作性、可检验性不强，通过中期检查时专家和领导的指导，及时纠偏，步入正轨。

对此，班组作出如下解决措施。

一是班组成员分工协作。通过认领、指派等方式，将初设的场景分析和清单梳理工作分解到所有组员，以每月底一次上报为节点滚动更新。调控中心以劳动竞赛的形式调动班组成员的积极性，也给班组每个人配发了《清单革命》一书，便于大家学习和交流。

二是强化沟通交流和汇报。班组在精品典型班组创建过程中，曾赴长兴县调班组交流学习，获益良多。因此，在创建卓越班组前，随人力资源部前往杭州萧山钱江供电所学习交流，拓宽了班组建设思路。班组在创建过程中，受到了公司领导、人力资源部和调控中心多轮次、多方面的指导，班组的内质外形提升效果明显，过程记录也更加丰富。

※4.4.4 日常管理

在创建“卓越班组”的过程中，班组的日常管理应该注重哪些工作呢?

在创建“卓越班组”的过程中，班组的日常管理应该注重哪些工作呢?

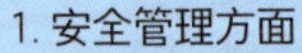
1. 安全管理方面

严格落实安全生产各项规章制度，按要求开展安全学习和安全日活动，强化预案管理，滚动修订220kV变电站典型故障调度处置预案，有针对性地编制防台风等恶劣天气、防变电站内涝调度处置预案，配合每月反事故演习、事故

预想等活动，检验预案可执行性，提升班组安全质量文化氛围。

2. 生产管理方面

积极开展业务模式革新和技术革新，实现减负提效。全面实施调度操作状态移交管理模式，调度专业将需停役的设备改至冷备用后移交运维现场，由运维人员自行完成后续操作并许可工作，减少运维现场与调度的冗余交互，缩短配合衔接的时间。积极开展地县调网络化下令试点工作，全省率先实现地县调网络化下令全覆盖，缩短调度指令交互时间。打造全国首台全能型调控机器人“悟空”，实现冗繁工作机器替代，关键环节人机结合。

3.绩效管理方面

一是根据班组二次考核管理办法，对奖金的15%进行二次考核。二是根据参加比武竞赛、承担急难限重工作任务、科技创新项目管理等工作情况，由单位负责人奖励基金列支额外奖励，在岗位提升方面给予加分，促进团队成员成长成才。

4.培训管理方面

确立师带徒的实习调度员培养方式，帮助新调度员迅速入门调度专业。严格执行每月至少一次实战化反事故演习，所有调度员轮流担任导演或演员，共同提升。推荐青年员工挑起项目攻关的担子，促进青年员工成长成才。

※4.4.5 四个关键

在创建“卓越班组”的过程中，如何做好核心业务、数智运用、激励机制和队伍建设等这四个关键?

（一）核心业务

通用场景：调度操作安全管控精益化

场景描述：

用调度操作安全清单提升调度操作安全管控水平。

做法措施：

提炼调度操作票和执行操作过程中容易遗漏和犯错的关键点，形成清单。

取得成效：

杜绝调度误操作，提升调度操作精益化管控水平。

风险点分析及应对措施：

（1）风险点分析：关键点需逐步完善，期间若过度依赖清单，可能造成拟票时问题考虑不全面导致错误发生。操作执行过程中频繁查看清单可能会影响操作进度，实施时需要兼顾操作效率。

（2）应对措施：调控机器人对接操作票系统，开发智能成票和操作票校核功能。调度操作采用网络化下令，提高操作效率。采用状态移交管理模式提升调度操作效率。

做法措施固化清单：

调度操作安全检查清单。

（二）数智运用

通用场景：深化调度智能化应用水平

场景描述：

“悟空”调控机器人清单化推送故障处置策略。

做法措施：

故障发生后“悟空”调控机器人自动推送故障处置策略清单，并由机器人监督清单的执行情况。

取得成效：

提升调度故障处置效率。

风险点分析及应对措施：

（1）风险点分析：智能化应用人工替代程度加深后，可能会造成班组成员调度业务能力降低，也不利于新调度员掌握业务内容。

（2）应对措施：利用反事故演习、事故预想、技术问答等手段，保持且提升调度员业务水平。

做法措施固化清单：

机器人故障应急处置清单。

（三）激励机制

通用场景：双管齐下锻造智能型调度团队

场景描述：

通过二次考核、参加比武竞赛、承担急难重任务等，提高班组成员工作积

极性和工作获得感。

做法措施：

（1）根据班组二次考核管理办法，对奖金的15%进行二次考核；

（2）根据参加比武竞赛、承担急难限重工作任务、科技创新项目管理等工作情况，由单位负责人奖励基金列支额外奖励，在岗位提升方面给予加分，促进团队成员成长成才。

取得成效：

班组成员工作积极性提升，充分调动团队创新工作积极性，营造积极向上的工作氛围和创新氛围。

风险点分析及应对措施：

（1）风险点分析：较大的奖金差距可能会降低部分班员的工作积极性。

（2）应对措施：在任务分配上除了以自愿、主动为主，适当采取部分指派式工作，或以协助的形式，使全体班员都有获得感。

做法措施固化清单：

（1）绩效考核清单：

绩效考核清单

序号	清单项目	执行要点
1	班组内部设置岗位系数	正、副班长的额外奖金系数由中心下达。班内设置安全员、技术员岗位系数0.1

续表

序号	清单项目	执行要点
2	实习调度员、三值调度员、副值调度员、主值调度员奖金系数递增	建奖系数达到0.80后，实习调度员按中心考核奖金的0.75计发，剩余奖金计入班组考核奖金。三值调度员按中心考核奖金的0.80计发，剩余奖金计入班组考核奖金。副值调度员按中心考核奖金的0.85计发，但全班只有一个副值时按中心考核奖金的0.88计发，剩余奖金计入班组考核奖金。主值调度员岗位系数奖金和中心考核奖金的80%直接发放，中心考核奖金的20%计入班组考核奖金
3	主值调度员设置考核奖金	班组考核奖金在全体主值调度员中根据劳动绩效分数考核分配。其中，值班分值：每值主值、副值分别记3.2分（现场调度视同值班）；5班（包括公派出差）记1分；5-班记0.5分；培训不记分

续表

序号	清单项目	执行要点
4	加班完成管理工作额外计分	主值、副值当班期间或利用业余时间完成较重的管理工作，对责任人酌情加分。专门安排劳动班的，不加分。不具备主值资格的调度员（三值、副值）每完成一则事故预案、周危险点预控的，加20元。 （1）完成每周事故预案、周危险点预控的，编制者每则加1分、审核者每则加0.5分。有明细错误者不得分。有重大错误或未及时完成者，编制、审核者每则扣1分。 （2）完成典型事故预案、节日保供电等重大预案的，编制、审核者每则加2分、1分
5	工作成果考核	在电网发生紧急事件应急处理中或生产工作中以及重大项目完成出色的。工作中出错，由中心责成调度班自行考核的，由班委会讨论、根据责任大小、后果严重程度等给予奖罚，奖罚总数不低于200元

续表

序号	清单项目	执行要点
6	“师带徒”补贴	为推进员工成长成才，鼓励老员工开展老带新，在签订师徒合同后，按师徒合同，从徒弟奖金中扣除相应部分作为师父补贴发放给师父

（2）主任基金奖励项目清单：

主任基金奖励项目清单

序号	清单项目
1	技术创新、管理创新、典型经验、创新创意大赛、估量管理（QC）成果等获奖
2	竞赛比武获奖
3	获上级表彰奖励
4	承担国网浙江电力及以上制度标准修订并正式发布
5	积极承担急难险重工作任务
6	安全生产、反违章管理取得积极成效
7	做好上级领导调研慰问的配合工作
8	创新开展党建和精神文明建设工作
9	报送信息被国网浙江电力及以上刊物录用
10	新闻报道在金华供电公司内网发表
11	其他重要事项

（四）队伍建设

通用场景：提升班组成员文化素养和调控队伍整体素质

场景描述：

读同一本书，学以致用。

做法措施：

清单式开展“同读一本书”活动，帮助班组成员“真读”“真悟”“真用”，减少“无能之错”。

取得成效：

领会读书的感悟和心得，提升阅读和理解能力。组织整理发言内容，提升写作能力。在交流会上发言交流，提升表达能力。对书本的总结和提炼提升分析能力。

风险点分析及应对措施：

（1）风险点分析：团队中每个人对读书的感兴趣程度以及阅读的偏好都有所不同，同读一本书的形式可能会对部分团队成员造成额外的负担。

（2）应对措施：循序渐进开展活动，党员、班组长、团队骨干发挥模范带头作用，并采取一定的奖励机制。

做法措施固化清单：

同读一本书，学以致用清单：

同读一本书，学以致用清单

序号	清单项目
1	选书：领导推荐、书榜选书、班员自荐

续表

序号	清单项目
2	先读：领读人先行阅读
3	领读：领读人领读，布置阅读任务，做到“真读”
4	分读：班组成员各自阅读
5	感悟：形成读书体会和心得，做到“真悟”
6	交流：交流读书体会和心得，给予奖励
7	深读：总结提炼，学以致用，做到“真用”

※4.4.6 申报流程

从创建“卓越班组”的申报流程来看应该注意什么？

申报初审环节，在编写班组自我分析评估报告时，可以提前有针对性地开展场景分析等工作。中期检查时会有现场考评环节，班组的内质外形提升工程最好能在中期考评前完成。过程考量方面，清单的改进痕迹建议保留。验收评审阶段，需注意提早确定典型场景。

※4.4.7 专业特性

创建调控专业“卓越班组”具有什么特性呢?

核心业务方面，专业性特别强，包括安全性、应急处置的管控、新变电站启动投产等方面。

激励机制和队伍建设维度通用性较强，不同专业的班组可能会有许多共性的做法。核心业务维度因专业不同，通用程度可能不高。数智运用维度涉及具体的业务时不同专业会有一定的差异，但对新技术的运用是存在共性的，如开发的调控机器人“悟空”现在也已经推广到了集控站使用。

4.5 物资班组长说

※4.5.1 班组概况

国网温州供电公司仓储配送班，现有人员26人，其中本科及以上13人，平

均年龄38.2岁，其中高级技师、技师7人，工程师、助理工程师10人。

班组主要负责温州市鹿城、瓯海、龙湾三个区的配网物资按项目分拣、领用。协助国网浙江电力开展配网物资检储配业务，实施集中存储、按需配送。浙南区域应急物资集中存储、配送。

班组下设仓储班和调配室两个子班组，分别设置仓库班长、仓储管理员、安全员、履约协调、配送调度、调配业务员等岗位。

2017年获得国网浙江电力五星级班组，2018年获得国家电网公司先进班组，2020年获得国网浙江电力精品典型班组，2021年获得卓越班组称号。

※4.5.2 认识卓越班组

如何理解卓越班组呢？

相比于五星级班组更侧重于班组“专业+综合”管理和标准化，相比精品典型班组更侧重于典型管理的以点带面、示范引领，卓越班组着重形成有助于提升工作效率和规范性的可复制、可推广典型案例和固化清单，代表本专业先进的团队形象，采用持续改进等三个实现途径，用企业管理方法提升班组管理，并对本专业班组管理提升起到模范带头作用。

※4.5.3 困难与措施

在创建“卓越班组”的过程遇到哪些问题？怎么解决？

班组人员的组成较复杂，创建理念较难统一。

班组成员有全民、集体、外聘等性质，组成较复杂，创建初期对卓越班组的理解出现偏差，难以形成合力。

对此，班组作出如下解决措施。

成立创建小组，按业务类型进行分工，对梳理出来的业务场景进行反复分析、论证，让成员的意见在磋商中达成共识，出现问题通过咨询相关专家、翻阅书籍和相关资料等方式，最终将班组当前的痛点、难点，打磨形成固化清单和案例，充分发挥团队的凝聚力。

※4.5.4 日常管理

在创建“卓越班组”的过程中，班组的日常管理应该注重哪些工作呢？

在创建“卓越班组”的过程中，班组的日常管理应该注重哪些工作呢?

1. 巩固基础，确保作业安全

编制安全作业风险点防控手册、仓储作业规范手册，让人员能规范的进行仓库作业，有效保障仓库安全和账卡物一致。

2. 优化组织架构，合理分解任务

通过对工作任务的有效分解，制定合理的岗位职责，让日常工作和临时性工作都能很快得到闭环，组织间协调有序、高效。

3. 人员培训管理

推动管理创新、科技创新、QC等项目在班组落地，通过班员项目制培养建设，锻炼沟通、实操、管理等能力，更好的适应现代智慧供应链的管理，打造新时代物资专业数字化员工。

※4.5.5 四个关键

在创建“卓越班组”的过程中，如何做好核心业务、数智运用、激励机制和队伍建设等这四个关键?

（一）核心业务

通用场景：场景化铁塔应急保障

场景描述：

当因自然灾害等原因发生倒塔情况时，物资部门与供应商提前完成最易倒

塔的五种塔型技术交底，并预先制定利用原塔基立新塔型的方案，实现现场线路能尽快复役。

做法措施：

仓储配送班通过历史倒塔数据分析，得出五种最易倒塔的塔型，并明确各方在铁塔供应保障职责下，保障铁塔能在最短时间内完成生产并配送现场。

取得成效：

（1）有效提高物资需求响应速度。提前对接图纸，供应时间从48h压缩至24h内。

（2）形成了铁塔供应的应急预案，能适应多场景下不同塔型发生倒塔情况，物资供应保障工作仍然能够迅速有序开展。

风险点分析及应对措施：

（1）风险点分析：预案制定过程中，内外部沟通协同存在疑议，物资数据录入系统容易产生偏差。

（2）应对措施：多方人员反复确认相关物资数据，对产生疑议的地方出具会议纪要，并落实到相关责任人。

做法措施固化清单：

场景化铁塔应急保障清单。

（二）数智运用

通用场景：供应链运营

场景描述：

闲置积压物资处理一直是物资部门的重点事项，通过供应链运营平台的全

量资源查询功能，结合平衡利库管理机制，有效降低仓库库存。

做法措施：

供应链运营中心通过动态更新动态更新库存资源表，并制定规范物资调配流程，使得区域库存利库准确和高效。分为3个过程开展，首先单位内部平衡利库，然后地区间跨单位、跨区域平衡利库，最后通过月度绩效考核，来保证流程正常运行。

取得成效：

（1）可以对自有库存、专业仓库存、寄售库存、供应商联合储备等10类物资资源进行集中管控、统筹调配。

（2）本年度累计处理积压物资122条目，总计金额891.16万元。库存周转率指标由年初的不到4次/年提高至6次/年。

风险点分析及应对措施：

（1）风险点分析：数据更新不及时，数据失真。

（2）应对措施：建立平台数据接口，完善数据取值逻辑，对业务流程再细化并加强绩效管理执行力度。

做法措施固化清单：

库存平衡利库操作清单。

（三）激励机制

通用场景：仓储配送班工单管理

场景描述：

将仓储配送作业中不同岗位人员的工作量予以赋值计算，按照工单积分累

计制度，确保不同工作内容得到有效统计，确保仓库作业人员能够实现积极主动工作，多劳多得。

做法措施：

对班组人员工作和岗位职责进行调研，制定班组成员共认的绩效管理方案，梳理归纳不同类型工作内容，形成明确的工单类型。由绩效小组落实实施绩效管理相关制度，对不同班组成员进行积分评估和统计，确定月度绩效并排名。

取得成效：

（1）形成浓厚团队工作氛围，员工工作积极性得到提高。

（2）员工工作量得到合理评估，在薪资水平上得到应有的体现，在绩效奖励工资中进行调整。

风险点分析及应对措施：

（1）风险点分析：存在工单积分估值不合理，部分工作量难以量化，从而影响员工积极性。

（2）应对措施：多次对积分评估表进行修改，听取班组成员建议，逐步实现系统化工单记录及计算。

做法措施固化清单：

仓储配送班绩效管理清单。

（四）队伍建设

通用场景：项目制人才培养机制

场景描述：

推动管理创新、科技创新等项目在班组落地，通过班员项目制培养建设，锻炼沟通、实操、管理等能力，更好的适应现代智慧供应链的管理，打造新时代物资专业数字化员工。

做法措施：

根据项目落地相关要求，组织班员开展各类业务培训，增强班组实力和凝聚力。另外，鼓励班员踊跃参加各类竞赛和管理创新项目，加强项目制人才评价办法实施力度，实现评价和人才能力提升正向反馈。

取得成效：

每年市公司级及以上管理创新奖1项以上，提高班组人员综合素质和工作积极性。

风险点分析及应对措施：

（1）风险点分析：多种用工制度下人员流失和人员综合素质偏低。

（2）应对措施：对人员培训和转岗，完善绩效考核和项目制人才培养办法。

做法措施固化清单：

项目制人才培养清单。

※4.5.6 申报流程

从创建“卓越班组”的申报流程来看应该注意什么？

一是做好任务分工、进度管控，遵循实事求是的原则，做好佐证材料整理工作。

二是做好班组特色的同时，着重介绍给本专业班组带来的启示和具有借鉴意义的典型案例和清单。

三是做好现场迎检和线上检查的两重方案，答辩前要做好网络、文稿、视频等多种形式的展示准备。

※4.5.7 专业特性

创建物资专业“卓越班组”具有什么特性呢？

物资专业在创建“卓越班组”过程中，重点是通过创建过程，找出班组消防安全、标准作业、人员管理等痛点难点问题的作业场景，分析原因，形成固化清单，在实际出入库和配送的工作任务中，进行不断改进、不断完善，从而实现螺旋式提升的目的。

4.6 信通班组长说

※4.6.1 班组概况

2019年8月27日，为有效保障70周年国庆网络安全工作，公司先行先试筹建网络安全中心，安全运营室同期成立。安全运营室作为浙江省网络安全指挥大脑，主要负责网负责网络安全分析室运营管理；负责网络安全监测预警、技术分析、事件调查、应急处置、安全攻防、重大活动网络安全保障；负责全省网络安全蓝队的具体管理。

安全运营室目前共有12名成员，平均年龄28岁，硕士研究生及以上学历员工占比100%。其中班组长1人，网络安全监控员4人，网络安全分析员2人，网络安全处置员3人，安全攻防技术员2人。

2020年获得国网浙江电力五星班组，2022年获得卓越班组。

※4.6.2 认识卓越班组

如何理解卓越班组呢?

“卓越”班组与“五星”“精品”“达标”班组一样，都是代表本专业班组中业务能力、技术水平优秀的一批班组；不同点主要在于管理，卓越班组全称为卓越管理的精品班组，不仅在业务水平、技术水平是过硬的，管理水平也同样是过硬的。

※4.6.3 困难与措施

在创建“卓越班组”的过程遇到哪些问题？怎么解决？

主要是在形成班组共识和落实具体的工作行动方面，会遇到一些问题。

如何解决呢?

一是要达成共识。因为班组毕竟不是只有班组长，而是班组长和班组成员组成的团队集体，延伸开来的是班组的工作目标、工作标准、工作原则需要在很高程度上达成一致，建设“卓越班组”最重要的地方在于要让大家达成一致认识，心往一处想，劲往一处使。

二是要明确方向。提出想法、目标简单，但是要落地、要出成效是困难的，很多时候目标比较宽泛，正确方向才是成功关键，所以在明确方向上，很考验班组长或班组同事对班组业务的熟练和认知程度，要明确有哪些问题，然后对症下药去想办法解决，去寻找工作的方向。

三是要落实行动。说和做毕竟是两码事，知道往什么方向走是必要的，但起到决定性作用的是要落实到行动上，要制定行动方案，和班组成员商议修改，落实到具体工作上，并需要时刻注意工作方式和成效，及时调整以达成目标。

四是及时调整。在执行过一个周期的工作后，往往要和预期目标进行比对，哪些是努力达成的，哪些是在过程中有偏差的，要以PDCA循环持续修正工作措施、方案。

※4.6.4 日常管理

在创建“卓越班组”的过程中，班组的日常管理应该注重哪些工作呢?

最重要的工作还是围绕着“卓越班组”建设工作的三句箴言：场景式分析、清单式管理和螺旋式提升。在场景式分析中，我们花费了大量时间去再认

识和再梳理业务，通过合适的颗粒度去定义工作场景，以“二八定律”选择出亟需优化的工作场景，去分辨场景中存在的问题和缺点，进而讨论和分辨出工作方向。在清单式管理中，我认为“卓越班组”建设中的核心举措，关键点在于提炼和凝练。清单一方面是字面上的定义，要结合工作场景去提炼工作过程中的工作内容清单，包括输入输出物、注意事项表单、工作标准清单、工作步骤清单等等，不同专业之间的工作内容清单相差很大；清单另一方面是要点清单、操作清单和提醒清单，按对应的是相关典型案例在管理上、流程上和安全风险上需要注意的事项。总结提炼是非常考验班组长总结能力的，也是非常有益于后续经验的再推广和班组落地。在螺旋式提升中，主要方法是要做好复盘总结，分析在工作落实中和目标偏差，及时修正，提出提升方法和演进路线。

※4.6.5 四个关键

在创建“卓越班组”的过程中，如何做好核心业务、数智运用、激励机制和队伍建设等这四个关键？

（一）核心业务

专业场景：网络安全分析室统筹建设

场景描述：

班组开展各单位分析室建设现状调研，规划全省分析室建设方向，落实指导各单位建设网络安全分析室，有效提升省地两级联动效率。

做法措施：

（1）开展各单位分析室建设现状调研；

（2）规划全省分析室建设方向；

（3）落实指导各单位建设网络安全分析室。

取得成效：

落实指导各单位建设网络安全分析室。

风险点分析及应对措施：

（1）风险点分析：各单位对网络安全工作的认识不同、资源配置不同、领导支持力度不同，"一把尺"的工作标准可能导致部分单位无法落实工作，在网络安全两级联动方面难以形成合力，失去方案的指导意义。

（2）应对措施：多次召集各单位专家开展专项讨论，在充分理解各自需求的前提下共同编制《全省网络安全分析室建设指导方案》，方案内容包括基础要求和提升要求。

做法措施固化清单：一图三表促生产

（1）现状需求调研；

（2）分析室建设规划；

（3）编制指导方案。

（二）数智运用

专业场景：自动化网络安全运营工具建设

场景描述：

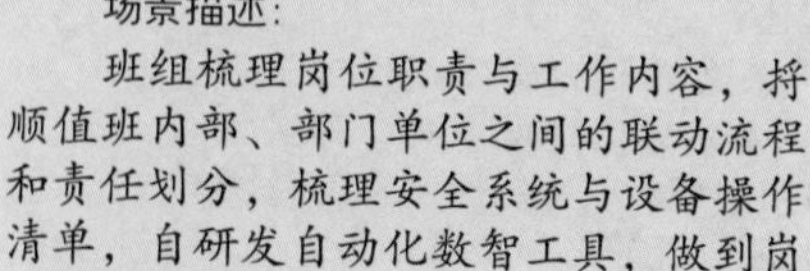

班组梳理岗位职责与工作内容，捋顺值班内部、部门单位之间的联动流程和责任划分，梳理安全系统与设备操作清单，自研发自动化数智工具，做到岗位联动化、运维自动化、预警标准化。

做法措施：

（1）梳理安全运营室常用的监控系统、分析系统和处置设备，打通各个系统和设备之间的数据接口和链路；

（2）提炼班组日常重复性工作、批量性设备操作等工作内容，组建开发团队自主研发自动化运维工具；

（3）编制网络安全风险预警流程图，将风险预警与事件排查的工作流程标准化，借助现有的线上管控平台将网络安全风险预警流程线上化。

取得成效：

（1）自主研发联动平台，大幅增强了网络安全分析室的联动效率，满足“三个五分钟”应急处置要求；

（2）自主研发自动封禁工具，该工具支持批量封禁IP，将恶意IP封禁的时间缩短到数秒，该项自动化工具目前已逐步向各地市推广；

（3）开发网络安全风险预警线上流程，实现网络安全预警发布、排查、反馈、复核、闭环全面线上化。

风险点分析及应对措施：

（1）风险点分析：自动化工具开发涉及与不同厂商的安全设备相对接因而存在命令语句不统一、数据类型不匹

配、系统版本不适配等多方面风险，导致自动化工具的泛化特性和可推广性面临技术风险。

（2）应对措施：在开发前期应对全网省的同类设备开展充分调研，技术推广过程中选择一两家地市先参与试点推广，总结过程中遇到的问题和难点做二次开发和技术迭代。

做法措施固化清单：

（1）相关技术工作的标准化操作手册；

（2）自动化运维工具开发指南。

（三）激励机制

通用场景：班组能力成熟度模型建设

场景描述：

以运行维护服务能力模型（ITSS）、流程和企业成熟度模型（PEMM）以及岗位胜任力模型为参考，从电网企业基层班组实际触发，建立逻辑清晰、客观普适、易于执行、持续改进的班组能力成熟度模型，指导基层班组进行业务目标分解、能力标准评估和提升路径指引。

做法措施：

（1）全面梳理班组能力列表；

（2）提出班组能力定量评估方法论；

（3）建立班组能力提升路径。

取得成效：

（1）形成了一套普适客观、全面有效、执行性强的班组能力评估方法

论，该评估方法在以安全运营室为代表5个试点班组试行中表现良好，目前已经在国网浙江信通公司共计25个班组全面推广；

（2）有力辅助班组长对班组能力缺陷的认识和班组提升方向的规划；

（3）支撑班组个人岗位胜任力评估，安全运营室结合年度网络安全值班人员认证考试工作，完成测评人次11次并形成《网络安全值班人员岗位胜任度分析报告》。

风险点分析及应对措施：

（1）风险点分析：各班组对班组能力分类的标准和颗粒度不同，各班组之间能力标准制定无法互通共享，进而导致各班组能力成熟度模型建设工作量大、无法横向对比等问题。

（2）应对措施：应对措施：在班组能力成熟度模型建设工作中，应遵循“试点现行、总结提炼、全面推广”的方式开展相关工作。在试点阶段首先选取具备代表性的班组进行评估，完成试点班组评估后对共性能力进行提炼总结，对同专业能力进行归并分类，形成通用性较强的能力评估标准模型；在全面推广的过程中，充分应用前期推广过程中总结的能力评估标准模型，可有效降低各班组模型建设中的工作量，同时更好地保证各班组能力成熟度模型建设的标准、质量的一致性。

做法措施固化清单：

（1）能力项目和能力标准；

（2）能力评估工具；

（3）能力提升路径与实施计划。

（四）队伍建设

通用场景：班组专业化能力培养和知识体系建设

场景描述：

通过定制班组成员能力标签，根据标签针对性分配相关工作任务，有意识让成员构建网络安全知识体系，组织开展班组课题学习分享活动，建立班组知识库。

做法措施：

（1）定制班组成员能力标签；

（2）组织开展“一期一会”班组课题学习分享活动；

（3）建立班组知识库。

取得成效：

（1）安全运营室共计为成员定制了11个特色标签；

（2）通过针对性研究学习，在2021年共发表4篇论文、4个发明专利，3名成员获得CISP证书、5名成员获得零信任专家证书；

（3）建立班组知识体系框架图。

风险点分析及应对措施：

（1）风险点分析：班组成员众多且每位成员在网络安全方面的基础不同，导致统一学习的效果不佳。

（2）应对措施：安全运营室为每位成员制定个性化学习计划，充分发挥成员自主学习能力，以月为单位检查各自学习成果。

做法措施固化清单：

（1）对照成员特性绘制班组成员主副标签列表；

（2）成员课题分配表；
（3）班组知识图谱。

※4.6.6 申报流程

从创建“卓越班组”的申报流程来看应该注意什么？

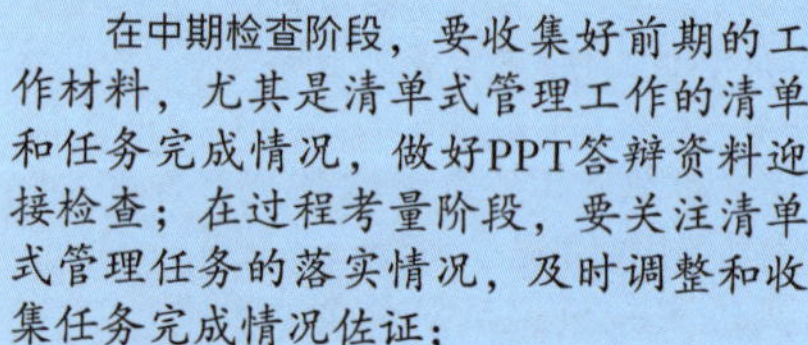

在申报初审阶段，一定要做好班组自我分析评估，梳理当前业务流程、管理模式、技术特点、专业管理指标和难点、痛点和堵点，分析班组发展前景、业务流程预判以及未来突破重点，在短时间内要收集好材料，充分体现班组特点和竞争力；

在中期检查阶段，要收集好前期的工作材料，尤其是清单式管理工作的清单和任务完成情况，做好PPT答辩资料迎接检查；在过程考量阶段，要关注清单式管理任务的落实情况，及时调整和收集任务完成情况佐证；

在验收评审阶段，要提前准备好汇报的材料和答辩书，突出班组建设期间的工作内容和工作成果，特别是要注意提炼本专业的典型场景，这将成为评委评选中的重要考量。

※4.6.7 专业特性

创建信通专业“卓越班组”具有什么特性呢?

信通专业在创建卓越班组过程中，重点是注重建设过程中的底层逻辑、方法论，同时聚焦于基层信通班组都会碰到的工作场景提炼经验，通过自动化工器具或手段来实现班组减负提效，可以在本专业的各个班组中进行推广。